THE WEAPONS ENCYCLOPÆDIA
TANK AIRCRAFT AFV SHIP ARTILLERY VEHICLES SECRET WEAPON

TWE-018 IT

  MESSERSCHMITT BF 109

THE WEAPONS ENCICLOPAEDIA

EDITORIAL STAFF
Luca Cristini, Paolo Crippa.

CONTRIBUTORS
Enrico Acerbi, Massimiliano Afiero, Aldo Antonicelli, Ruggero Calò, Luigi Carretta, Flavio Chistè, Anna Cristini, Carlo Cucut, Salvo Fagone, Enrico Finazzer, Arturo Giusti, Björn Huber, Andrea Lombardi, Aymeric Lopez, Marco Lucchetti, Luigi Manes, Giovanni Maressi, Francesco Mattesini, Péter Mujzer, Federico Peirani, Alberto Peruffo, Maurizio Raggi, Andrea Alberto Tallillo, Antonio Tallillo, Massimo Zorza.

PUBLLICATO DA
Luca Cristini Editore (Soldiershop), via Orio, 35/4 - 24050 Zanica (BG) ITALY.

DISTRIBUITO DA
Soldiershop - www.soldiershop.com, Amazon, Ingram Spark, Berliner Zinnfigurem (D), LaFeltrinelli, Mondadori, Libera Editorial (Spain), Google book (eBook), Kobo, (eBoook), Apple Book (eBook).

PUBLISHING'S NOTES
None of unpublished images or text of our book may be reproduced in any format without the expressed written permission of Luca Cristini Editore (already Soldiershop.com) when not indicate as marked with license creative commons 3.0 or 4.0. Luca Cristini Editore has made every reasonable effort to locate, contact and acknowledge rights holders and to correctly apply terms and conditions to Content. Every effort has been made to trace the copyright of all the photographs. If there are unintentional omissions, please contact the publisher in writing at: info@soldiershop.com, who will correct all subsequent editions.
Our trademark: Luca Cristini Editore©, and the names of our series & brand: Soldiershop, Witness to war, Museum book, Bookmoon, Soldiers&Weapons, Battlefield, War in colour, Historical Biographies, Darwin's view, Fabula, Altrastoria, Italia Storica Ebook, Witness To History, Soldiers, Weapons & Uniforms, Storia etc. are herein © by Luca Cristini Editore.

LICENSES COMMONS
This book may utilize part of material marked with license creative commons 3.0 or 4.0 (CC BY 4.0), (CC BY-ND 4.0), (CC BY-SA 4.0) or (CC0 1.0). We give appropriate attribution credit and indicate if change were made in the acknowledgments field. Our WTW books series utilize only fonts licensed under the SIL Open Font License or other free use license.

PRINCIPALI COLLABORATORI IN QUESTO NUMERO & ACKNOWLEDGEMENTS
Principale collaboratore di questo numero: **Björn Huber** autore dei profili, e Luca Cristini. Ringraziamenti particolari a istituzioni quali: Stato Maggiore dell'esercito, Archivio di Stato, Bundesarchiv, Nara, Library of Congress ecc. Agli archivi P.Crippa, A.Lopez, L.Manes, C.Cucut, archivi Tallillo. Model Victoria (www.modelvictoria.it). Le foto sono state ricolorate da Anna Cristini.

For a complete list of Soldiershop titles, or for every information please contact us on our website: www.soldiershop.com or www.cristinieditore.com. E-mail: info@soldiershop.com. Keep up to date on Facebook & Twitter: https://www.facebook.com/soldiershop.publishing

Titolo: MESSERSCHMITT BF 109 VOL 1 Code.: **TWE-018 IT** Collana curata da L. S. Cristini
ISBN code: 9791255890171. Prima edizione Dicembre 2023.

THE WEAPONS ENCICLOPAEDIA (SOLDIERSHOP) is a trademark of Luca Cristini Editore

THE WEAPONS ENCYCLOPÆDIA
TANK AIRCRAFT AFV SHIP ARTILLERY VEHICLES SECRET WEAPON

MESSERSCHMITT BF 109
VOL.1 VERSIONI A-B-C-D-E

LUCA STEFANO CRISTINI - BJÖRN HUBER

BOOK SERIES FOR MODELERS & COLLECTORS

INDICE

Introduzione 5
    - Lo sviluppo e la storia 6

Le campagne operative 1937-1941 9
    -Sui cieli di Spagna 9
    -Tempesta sulla Polonia 10
    -Sui cieli di Francia 13
    -La battaglia d'Inghilterra 13
    -Guerra aerea in Nord Africa 21

Le versioni dei mezzi (dai prototipi alla serie E) 25

Esportazione dell'aereo 49

Schede tecniche 55

Bibliografia 57

▼ Piloti e avieri della Luftwaffe appartenenti al glorioso Jagdgeschwader 53 (53° Stormo Caccia) in pausa durante lavori di manutenzione a un Messerschmitt Bf 109 E, in un aeroporto francese nel 1940. Sullo sfondo si nota un trimotore Junkers Ju 52. Bundesrchiv licenza free.

INTRODUZIONE

Il Messerschmitt Bf 109 è stato un aereo da caccia monomotore, monoplano ad ala bassa progettato negli anni '30 dall'Ingegner Willy Messerschmitt, per conto dell'azienda aeronautica tedesca Bayerische Flugzeugwerke AG e prodotto, oltre che dalla stessa e dalla Messerschmitt AG che gli successe, anche su licenza in alcune sue varianti dalla romena Industria Aeronautică Română (IAR) e dalla spagnola Hispano Aviación che lo commercializzò come Hispano Aviación HA-1109. Il modello è uno –forse il più noto– dei caccia tedeschi della seconda guerra mondiale e uno degli aerei da combattimento costruiti nel maggior numero di esemplari nella storia (oltre 33.000 dal 1936 al 1945), prestando servizio tra il 1937 e il 1947. Fino al 1941 fu, in pratica, l'unico apparecchio da caccia della Luftwaffe, dopodiché venne sempre più affiancato dal Focke-Wulf Fw 190 (vedi TWE-002). Originariamente concepito come intercettore, si rivelò adattabile e versatile tanto da essere impiegato in numerosi ruoli: cacciabombardiere, caccia notturno, ricognitore, aereo cacciacarri, ecc. La sua struttura era progettata in modo da adattarsi facilmente a continui aggiornamenti e miglioramenti e l'apparecchio era ancora competitivo nel 1945, a oltre 10 anni dalla sua progettazione in un'epoca di continui progressi aeronautici. Un successo talmente elevato che ne vennero prodotte numerose varianti, tante da far dire che il primo BF-109 e l'ultimo, erano in realtà due aerei completamente diversi!

Questo è il primo dei due volumi in cui parleremo di questo fantastico mezzo aereo, a causa della complessità dell'arma. Intendo qui ringraziare l'infaticabile e professionale opera dell'amico Björn Huber, autore eccezionale delle belle tavole e profili del mezzo aereo, senza il cui contributo quest'opera difficilmente sarebbe potuta nascere.

Fu l'aereo maggiormente utilizzato dai maggiori assi dell'aviazione mondiale di ogni tempo, da Erich Hartmann (il pilota da caccia di maggior successo della storia, con un *palmares* di oltre

▲ Rassegna ufficiale dello stormo da caccia "Richthofen" della Luftwaffe, nell'agosto 1938, con il General-leutnant Hans-Jürgen Stumpff che accompagna il genreale francese Vuillemin. Gli apparecchi sono tutti dei Bf 109 B, con le insegne nazionali in uso fino al 1939. Vedi tav. X. Bundesrchiv licenza free.

352 aerei abbattuti) a Hans-Joachim Marseille, altro grande asso tedesco, soprattutto nei cieli africani. Fu un mezzo in forza anche ad altre forze aeree, come quella finlandese, ungherese, rumena e croata e italiana (RSI). Fu il vanto della Jagdgeschwader 52 (JG 52), il reparto aereo più vittorioso della storia dell'aviazione.

La sigla **Bf**, assegnata ai velivoli, indicava la ragione sociale dell'azienda originaria responsabile della progettazione, sviluppo e produzione dei primi esemplari, la *Bayerische Flugzeugwerke*, che nel luglio 1938 venne rinominata *Messerschmitt AG*. I modelli progettati da allora in poi assunsero la denominazione **Me**, mentre quelli progettati in precedenza (comprese le varianti, vedi anche il Messerschmitt Bf 110) continuarono ad adottare ufficialmente il prefisso **Bf**.

■ LO SVILUPPO E LA STORIA

Nei primi mesi del 1934, la Germania, nell'ambito della riorganizzazione della propria forza aerea militare (la Luftwaffe) con l'impiego di aerei di nuova tecnologia –il Reichsluftfahrtministerium (RLM), il ministero responsabile dell'aviazione nella Germania hitleriana– decise di indire una competizione per ottenere un nuovo aereo da caccia ad alte prestazioni. Questo aereo doveva superare gli equivalenti in servizio nelle forze aeree europee, sostituendo contemporaneamente i biplani Arado Ar 68 ed Heinkel He 51, ormai considerati obsoleti. Le specifiche del nuovo modello, in accordo con le discussioni precedenti del Technisches Amt ("Ufficio Tecnico") dell'RLM nell'anno precedente, richiedevano una struttura completamente metallica con configurazione alare monoplana e carrello d'atterraggio retrattile.

Inoltre, il mezzo doveva essere equipaggiato con il nuovo motore Junkers Jumo 210 a 12 cilindri a V rovesciata, raffreddato a liquido, capace di raggiungere la discreta velocità per i tempi di 400 km/h a un'altitudine di 6000 m. Doveva anche raggiungere la citata elevazione in 17 minuti e una tangenza di 10000 m. L'aereo doveva essere armato con due mitragliatrici da 7,92 mm posizionate nel cofano motore e preferibilmente anche di un cannone da 20 mm integrato nella V dei cilindri del motore, seguendo la soluzione di progettazione popolare negli anni '30 e adottata anche da modelli francesi. Il RLM richiedeva inoltre un carico alare non superiore a 100 kg/m². Poiché, data la tecnologia dell'epoca, queste prestazioni non erano particolarmente difficili da raggiungere, la competizione attirò l'attenzione delle principali aziende aeronautiche tedesche dell'epoca: Heinkel, Arado e Bayerische Flugzeugwerke. La costruzione dei prototipi necessari per partecipare al concorso era di tre per ciascuna azienda concorrente, ed essa doveva essere completata entro la fine del 1934. Dopo la realizzazione dei prototipi, vinse quello dalla Bayerische Flugzeugwerke e ideato da dall'Ingegnere Willy Messerschmitt, titolare e capo progettista di una azienda di Augusta che lavorava per la BF. L'aereo ebbe modo di sfruttare una valutazione operativa durante la guerra civile spagnola.

Un iniziale gruppo di 22 prototipi, derivato da ulteriori prototipi del Bf 109 (V3 e V4) con la designazione A-0, fu ordinato dal RLM. Parte di questi mezzi fu successivamente inviata in Spagna, assegnata alla Legione Condor all'inizio del 1937 per essere sottoposta a una valutazione operativa nel contesto del conflitto in corso. Gli aeroplani "spagnoli" furono assegnati alle sigle tattiche da 6-1 a 6-16 e mantennero tutte le caratteristiche del progetto originale, inclusi il motore Jumo 210 C da 600CV, due mitragliatrici MG 17 e un'elica bipala in legno a passo fisso. Tuttavia, nel mentre, furono apportate numerose modifiche minori, tra cui le prese d'aria delle mitragliatrici e il posizionamento del radiatore dell'olio. Si sa che almeno uno di essi atterrò erroneamente dietro le linee repubblicane l'11 novembre 1937 e successivamente fu spedito in Unione Sovietica per essere sottoposto a esame.

▲ Profilo del Messerschmitt BF 109 primo prototipo V-1. Opera di Björn Huber, rilasciata con licenza CC BY-SA 3.0.

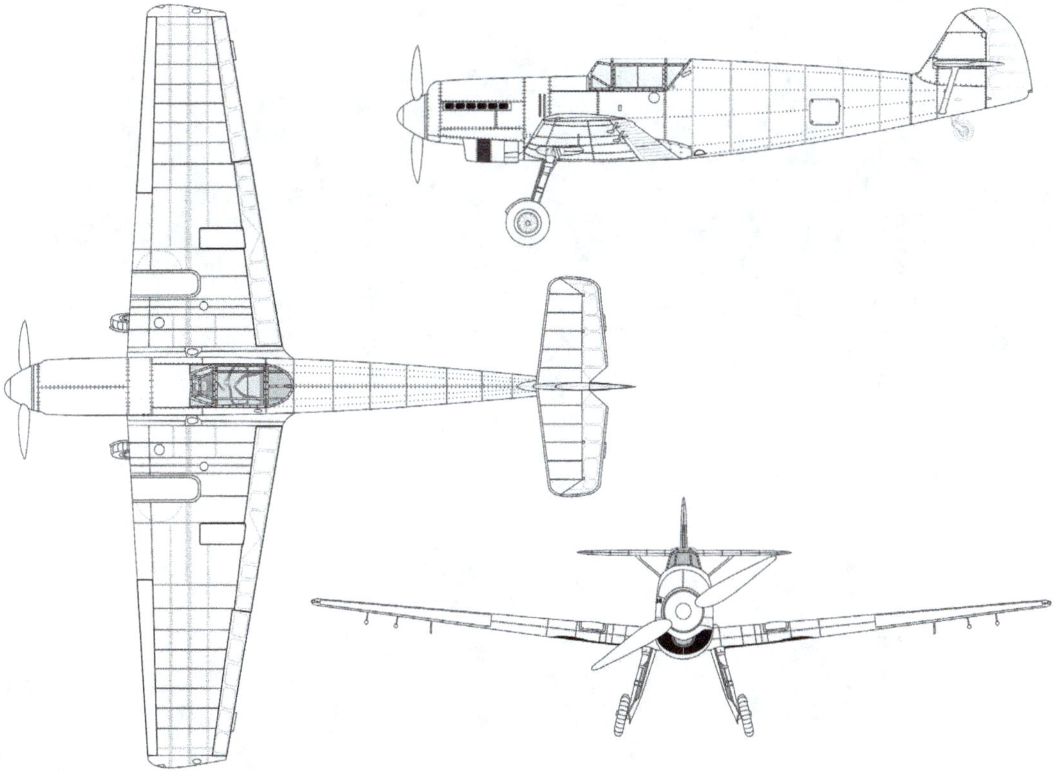

▲ Schema del Messerschmitt BF 109 prototipo V-1. Opera di Björn Huber, rilasciata con licenza CC BY-SA 3.0.

▲ Personale di terra della Luftwaffe impegnato nelle operazioni di ricaricamento di un Bf 109E, 1939. Sul cofano motore del velivolo spicca il "gatto", emblema del 2./JG 20 Bundesarchiv. Colorazione autore.

LE CAMPAGNE OPERATIVE

■ NEI CIELI DI SPAGNA

I primi esemplari del Bf 109B-1 furono consegnati all'unità d'élite della Luftwaffe, lo JG 132 "Richthofen", già all'inizio del 1937. Come molti altri modelli di aerei tedeschi, questi velivoli furono impiegati in Spagna durante la guerra civile dove ebbero il loro battesimo di fuoco, inquadrati all'interno della Legione Condor, per sostituire i biplani Heinkel He 51. Pur dimostrando un'elevata efficacia sul terreno, il ministero tedesco della propaganda scelse, per motivi di opportunità politica, di non pubblicizzare troppo il coinvolgimento della Luftwaffe nel conflitto. I primi diciotto B-1 e sei B-2 furono quindi assegnati alla 1ª e 2ª squadriglia del Jagdgruppe 88 (88° gruppo caccia), utilizzati principalmente per contrastare i Polikarpov I-15 e I-16 repubblicani. Nel maggio 1938, due Bf 109C-1 giunsero alla 2ª squadriglia, e a metà agosto il nuovo aereo equipaggiò l'intera 3ª squadriglia. Tra i piloti che si distinsero particolarmente ai comandi del Bf 109 si annoverano: Werner Mölders (14 vittorie), Reinhard Seiler (9), Walter Oesau (8), Herbert Ihlefeld (7) e Günther Lützow (5).

I successivi Bf 109E-1 fecero il loro ingresso sul fronte spagnolo nel marzo 1939, ma giunsero troppo tardi per influire significativamente sul conflitto. Un esemplare di questo modello, con numero di matricola (W.Nr.) 790, fu lasciato alle forze franchiste e successivamente riacquistato nel 1960 dal Deutsches Museum. Questo esemplare è oggi esposto con le insegne del Jagdgeschwader 26.

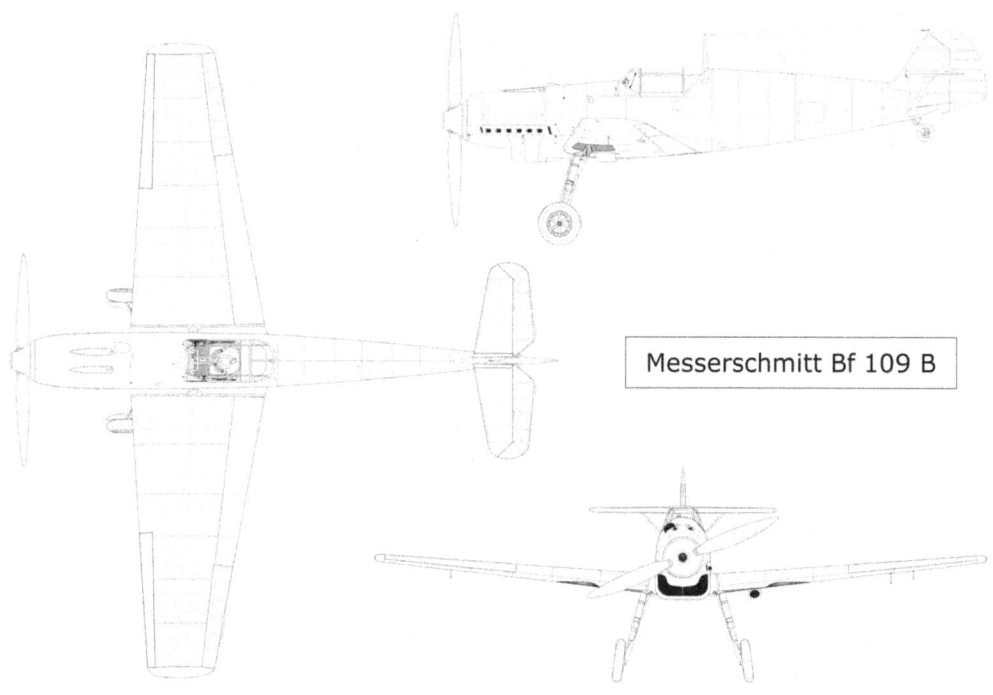

▲ Schema del Messerschmitt BF 109 B. Opera di Björn Huber, rilasciata con licenza CC BY-SA 3.0.

▲ Guerra di Spagna. Bf 109 C-1 Stab/Jagdgruppe 88, Legione Condor, La Cenia, Spagna 1938, Björn Huber.

■ TEMPESTA SULLA POLONIA

La prima missione ufficiale di combattimento del Bf 109 ebbe inizio con l'attacco alla Polonia l'1 settembre 1939, come parte dell'impiego diretto della Luftwaffe. Nella regione settentrionale, la flotta aerea 1, guidata dal generale Albert Kesselring, era pronta a sostenere il gruppo d'armate nord, mentre nell'area del gruppo d'armate sud, la flotta aerea 4 sud-est del generale Alexander Löhr era parimenti operativa. Secondo i rapporti forniti dalle unità di volo, entrambe le flotte aeree avevano a disposizione un totale di 1.581 aerei di vari tipi per le operazioni, a fronte di soli 852 aerei polacchi. Gli otto gruppi di caccia delle due flotte potevano contare su 342 Bf 109, di cui 320 dichiarati disponibili e pronti all'azione. A questi si aggiunsero anche altri 103 Bf 110 B/C (I./ZG 1, I./ZG 76, I.(Z)/LG 1) e 45 Avia B.534 del gruppo caccia slovacco ("JGr. Spisska Nova Ves" - 14 macchine, "JGr. Piestany" - 31 macchine). Sul fronte tedesco, le unità Bf 109 dispiegate includevano: I./JG 1 (48 Bf 109 E), I./JG 21 (28 Bf 109 D), II. (J)/186 (T) (24 Bf 109 B), II./ZG 1 (39 Bf 109 E), 1./JG 2 (12 Bf 109 E. Infine i mezzi che entrarono in azione solo dal 10 al 13 settembre 1939) furono: I. (J)/LG 2 (36 Bf 109 E), Stab/LG 2 (3 Bf 109 E), I./ZG 2 (43 Bf 109 D), I./JG 76 (45 Bf 109 E), I. /JG 77 (36 Bf 109 E).

La contro parte polacca schierava 315 aerei da caccia PZL P.7 e P.11, caratterizzati da ali a spalla rinforzata, carrello di atterraggio fisso e cabina di pilotaggio aperta. Nonostante la loro notevole manovrabilità, questi aerei raggiungevano velocità assolutamente insufficienti durante il volo. Nonostante le feroci battaglie aeree in Polonia, con i piloti polacchi che riuscirono ad abbattere oltre 100 aerei tedeschi nei primi sei giorni con la perdita di 79 dei loro aerei, la maggior parte dei Bf 109 abbattuti sulla Polonia fu dovuta al fuoco antiaereo piazzato a terra. Il numero spesso citato di 67 Bf 109 abbattuti in Polonia si basa su una compilazione del quartiermastro generale dell'Ob. D. L. e copre il periodo dal 1° al 28 settembre 1939. Tale cifra non è però coerente con le denunce di perdite disponibili, che indicano 32 Bf 109 persi, di cui 19 completamente distrutti. Le battaglie aeree dimostrarono che l'elevata velocità del Bf 109 e la notevole manovrabilità del P.7 e P.11 costrinsero i piloti tedeschi ad adottare tattiche evasive, evitando il classico combattimento in curva. I piloti del Bf-109 preferivano effettuare la loro caccia ad alta velocità, avvicinandosi da posizioni elevate. Questa strategia sarebbe poi diventata il metodo prevalente per abbattere i nemici nel corso della guerra. Dopo la prima settimana di combattimenti, le squadriglie di caccia ottennero una netta superiorità aerea in Polonia, e in questa fase, i Bf 109 furono sempre più impiegati per il supporto aereo ravvicinato con armi di bordo.

MESSERSCHMITT BF 109 A JV88

▲ Messerschmitt - Bf 109 A del JV 88 (Jagdverband 88), Legione Condor, Spagna 1936. Costruito originariamente come prototipo V4 del Bf 109, questo aereo entrò a far parte della serie di Bf 109 A di pre-produzione inviati in Spagna per essere testati in condizioni di combattimento. Artwork di Björn Huber.

MESSERSCHMITT BF 109 DIFFERENZE FRA VERSIONE A e B

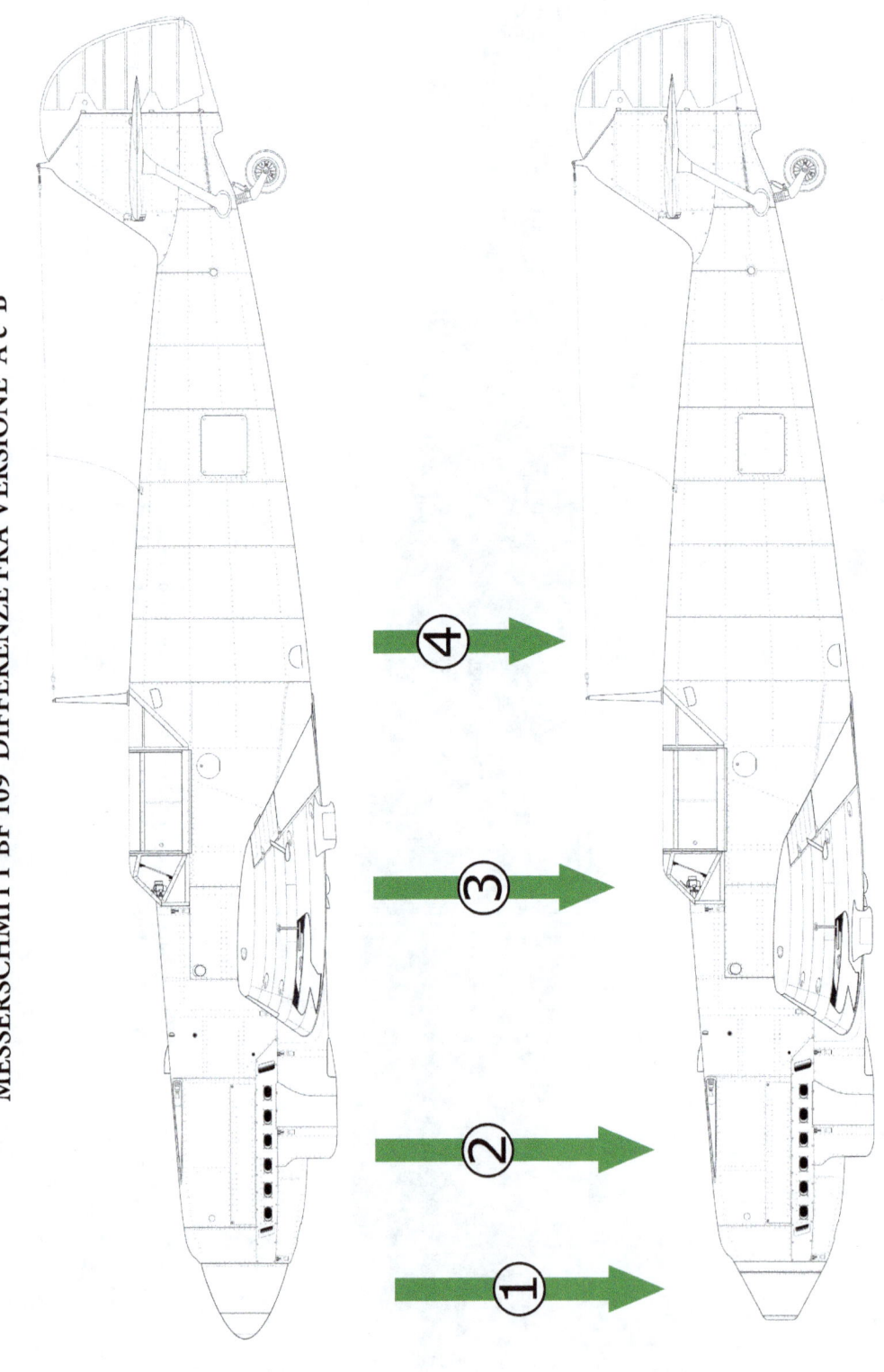

▲ Differenze selezionate tra BF 109 A e B -1: 1. Elica fissa sostituita da elica a passo variabile (il Bf 109 A era predisposto fin dall'inizio per l'utilizzo di eliche sia fisse che a passo variabile) 2. Per i primi aerei della versione A: porte di scarico a filo sostituite da porte di scarico leggermente rialzate. 3. Radiatore dell'olio sotto l'ala sinistra spostato in avanti verso il motore 4. Soppressione del caricatore di bombe Elvemag 5 CX. Profili di Björn Huber, rilasciati con licenza CC BY-SA 3.0.

NEI CIELI DI FRANCIA

In terra francese, il Bf 109 della Luftwaffe si scontrò con una schiera di moderni aerei da caccia dell'Armée de l'air, come il Dewoitine D.520, la cui agilità aerea era paragonabile al celebre Bf 109. Tuttavia, la Francia, con risorse finanziarie limitate e una politica di difesa che privilegiava altre branche militari, aveva trascurato lo sviluppo di potenti aerei nel periodo tra le due guerre. Modelli competitivi come il Dewoitine D.520 erano quindi disponibili solo in quantità limitate. Numeri e prestazioni delle unità da caccia francesi erano spesso messi in ombra da velivoli come il Morane-Saulnier MS.406, aereo scarso che faceva fatica a tenere testa ai caccia tedeschi. Anche gli squadroni di Hawker Hurricane inviati dalla Gran Bretagna per supportare la Francia fornirono solo un modesto aiuto, dato che erano principalmente vecchie versioni Mk.I con 1030 HP (anziché 1300) ed eliche fisse. A titolo esemplificativo, complessivamente, la RAF perse ben 509 aerei di vario tipo durante le operazioni in Francia.

Inoltre, i piloti britannici e francesi ebbero tutta una serie di svantaggi non solo di natura tecnica ma anche organizzativa. La difesa dei caccia francesi era caratterizzata da canali di comunicazione assurdi e complicati e da rapporti di comando poco chiari, con sovrapposizioni di competenze tra gli ufficiali. L'avanzata rapida della Wehrmacht costrinse le unità aeree britanniche e francesi a perdere un aeroporto dietro l'altro, spesso abbandonando materiale o aerei non più idonei durante i loro precipitosi trasferimenti. La scarsità di risorse utilizzabili si fece così sempre più evidente, con problemi anche nell'approvvigionamento di carburante e munizioni a causa delle condizioni caotiche.

Un ulteriore svantaggio che contribuì alla buona performance della Luftwaffe rispetto agli avversari francesi e britannici fu l'adozione, da parte germanica di tattiche più moderne, precedentemente sviluppate e testate durante gli scontri in Spagna e in Polonia. Le formazioni tedesche, organizzate in sciame (quattro aerei), composte da due squadre di due macchine che si coprivano a vicenda, erano più piccole, più flessibili e più agili rispetto alle pesanti controparti francesi e britanniche.

Sopra la Francia, i piloti del Bf 109 furono in grado di sfruttare al massimo le caratteristiche del loro aereo, specialmente poiché il principale punto debole, la breve autonomia, non era in questo caso determinante. L'efficiente organizzazione a terra della Luftwaffe permetteva agli squadroni di prendere rapidamente il controllo degli aeroporti appena conquistati, riducendo le distanze per i piloti da caccia e aumentando sia la reattività che la durata del volo nelle zone operative.

LA BATTAGLIA D'INGHILTERRA

Per un certo periodo, dopo la rapida sconfitta della Francia, Hitler considerò l'invasione della costa meridionale dell'Inghilterra (operazione Leone marino). Questo piano, noto come Operazione Sea Lion, fu caratterizzato fin dall'inizio da un coordinamento inadeguato tra l'esercito, la marina e l'aeronautica tedesca. L'ammiraglio Erich Raeder, comandante in capo della Kriegsmarine, considerava assolutamente impraticabile e impossibile uno sbarco anfibio sulla Gran Bretagna con le poche unità di superficie (cacciatorpediniere) rimastegli dopo la campagna norvegese. Per suo conto, l'esercito non fece seri preparativi per un'invasione finché non si presentarono le condizioni essenziali affinché l'operazione potesse avesse successo. A causa delle condizioni generali di uno sbarco anfibio e della superiorità della Royal Navy in mare, lo sforzo principale nella fase preparatoria dell'operazione Sea Lion finì quindi nelle mani della Luftwaffe.

La loro prima missione era conseguire la superiorità aerea sulle isole britanniche e sulla Manica e rendere pressoché innocuo il British Fighter Command e il Bomber Command, che avrebbero altrimenti potuto seriamente interrompere uno sbarco anfibio. Per l'effettivo sbarco delle truppe di terra sarebbe stato necessario sigillare per almeno alcune ore la Manica a est e a ovest. Data la schiacciante superiorità navale della Royal Navy, un'impresa del genere sarebbe stata possibile solo attraverso un massiccio supporto aereo, la cui base era essa stessa la grande superiorità aerea.

Dopo le battaglie sulla Francia, disastrose per gli inglesi, la RAF approfittò della fase di relativa calma dalla fine di giugno alla fine di luglio 1940 per riorganizzare e riequipaggiare il Fighter Command. In una valutazione realistica della situazione, il suo comandante in capo, il maresciallo capo dell'aeronautica Sir Hugh Dowding, aveva mantenuto i più preziosi (perché più potenti) caccia Supermarine Spitfire per proteggere il suolo e i cieli della madrepatria britannica. Grazie agli sforzi del ministro responsabile della costruzione degli aerei, Lord Beaverbrook, e all'afflusso di piloti addestrati dalla Francia e da tutto il Commonwealth, Dowding riuscì a fornire 609 caccia monoposto Hawker Hurricane e "Supermarine Spitfire" all'inizio della battaglia d'Inghilterra. La data esatta dell'inizio della battaglia d'Inghilterra non è facile da determinare. Il 20 luglio, il giorno dopo che Hitler tenne un discorso rivolto alla Gran Bretagna in cui tentava di intimidire pesantemente il governo britannico, il numero di Bf 109 nelle squadriglie di caccia della Luftwaffe tornò a 809 aerei dopo aver compensato le perdite nella campagna di Francia.

All'epoca, anche a causa del terribile maltempo dell'estate 1940, si svolsero solo sporadici combattimenti aerei tra caccia britannici e tedeschi impegnati in una sorta "caccia libera". Fu solo quando alla Luftwaffe fu ordinato di sigillare la Manica che iniziarono le prime grandi battaglie aeree. Durante questa fase, i piloti britannici continuarono ancora ad usare tattiche obsolete e subirono pesanti perdite. Di conseguenza, la chiusura del canale da parte della Luftwaffe al traffico marittimo britannico ebbe successo.

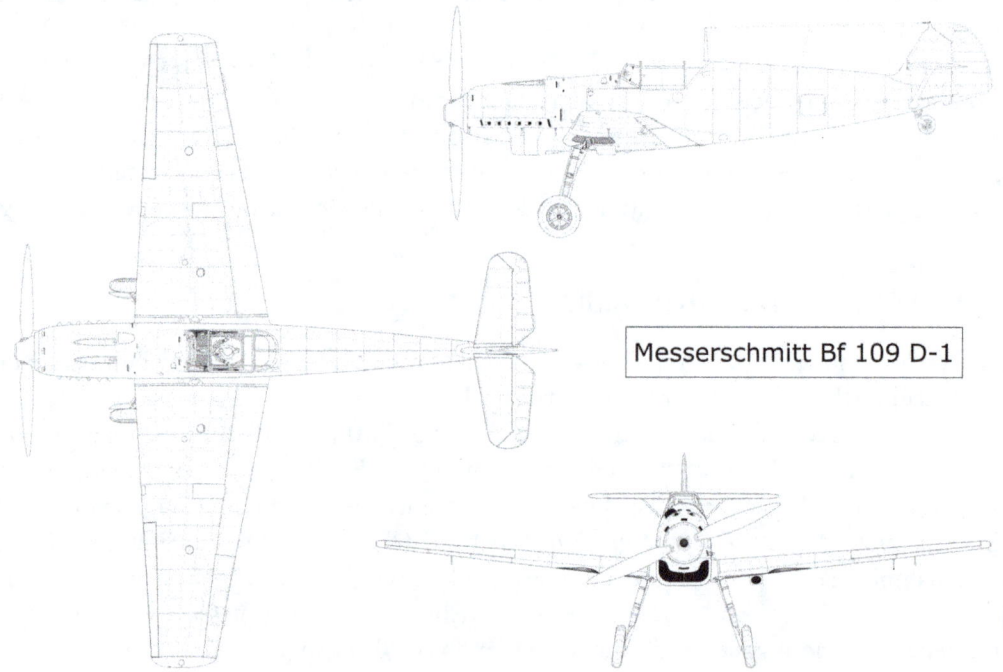

▲ Schema del Messerschmitt BF 109 D1. Opera di Björn Huber, rilasciata con licenza CC BY-SA 3.0.

MESSERSCHMITT BF 109 A DIFFERENZE FRA VERSIONE B e C

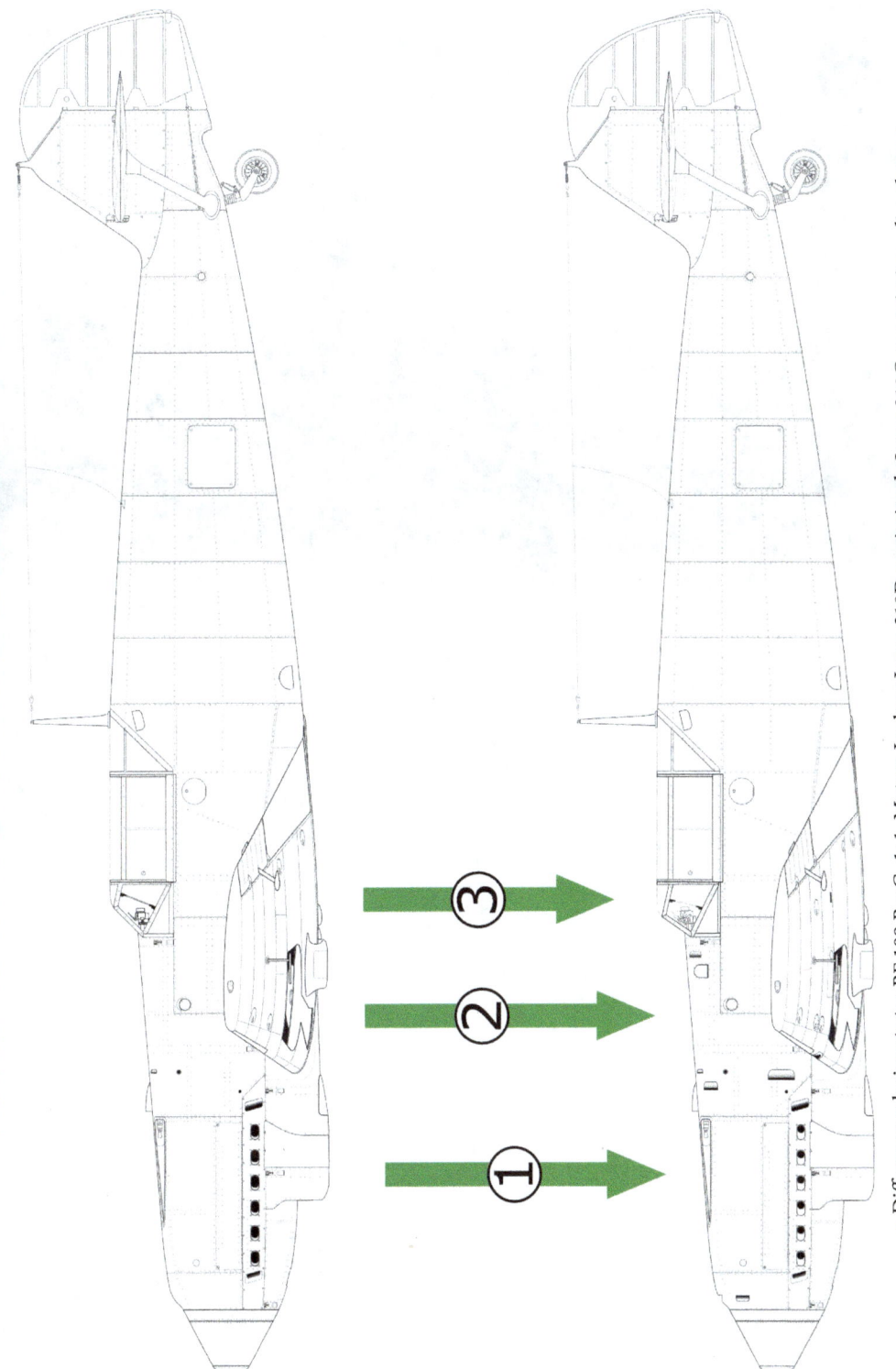

▲ Differenze selezionate tra BF 109 B e C -1: 1. Motore Junkers Jumo 210D sostituito da Jumo 210G con iniezione di carburante. 2. Aggiunta di una MG 17 da 7,92 mm in ciascuna ala (1000 colpi per arma). 3. Mirino Revi C12/C sostituito da Revi C12/D. Profili di Björn Huber.

▲ Battaglia d'Inghilterra: i soldati britannici accanto a un Messerschmitt bf 109e-4 del 6./jg 51 'Molders', costretto a un atterraggio di fortuna a East Langdon nel Kent, 24 agosto 1940. Il pilota, Oberfeldwebel Beeck, venne catturato illeso.

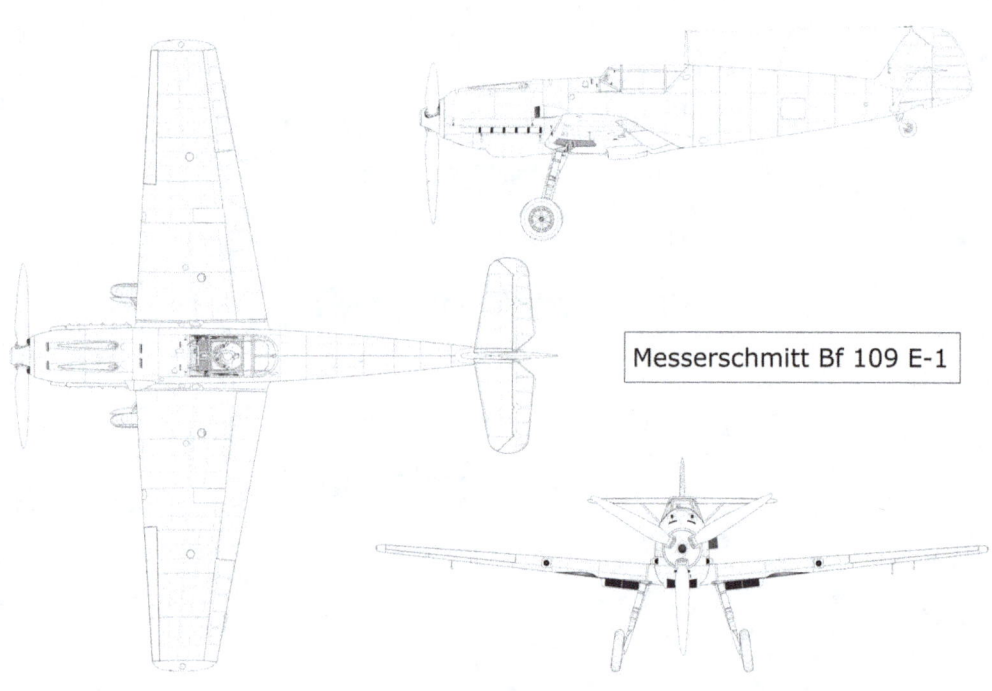

▲ Schema del Messerschmitt BF 109 E1. Opera di Björn Huber, rilasciata con licenza CC BY-SA 3.0.

MESSERSCHMITT BF 109 B   JG 132 RICHTHOFEN

▲ Messerschmitt - Bf 109 B del II./JG 132 (Jagdgeschwader 132) "Richthofen" a Jüterbog-Damm, primavera 1937 - uno dei primi 109 assegnati a un'unità della Luftwaffe in Germania. Artwork di Björn Huber.

MESSERSCHMITT BF 109 A DIFFERENZE FRA VERSIONE C e D

▲ Differenze selezionate tra BF 109 C e D: 1. Motore Junkers Jumo 210G con iniezione di carburante sostituito da Jumo 210D a causa della mancanza del Jumo 210G.. Profili di Björn Huber, rilasciati con licenza CC BY-SA 3.0.

▲ La coda di un BF-109 in un aeroporto dei balcani, con tutti i trofei e le vittorie conquistate ben raffigurati sulla coda del velivolo. Bundesarchiv. Colorazione autore.
▼ Francia: quattro aerei da combattimento Messerschmitt BF 109 E dello squadrone di caccia 51 Mölders (IV. JG 51) nell'aerodromo del campo; PK 670, Bundesarchiv. Colorazione autore.

MESSERSCHMITT BF 109

MESSERSCHMITT BF 109 A DIFFERENZE FRA VERSIONE D e E

▲ Differenze selezionate tra BF 109 D e E: 1. Sostituzione dell'elica a due pale a passo variabile con un'elica a tre pale a passo variabile. 2. Sostituzione del motore Jumo 210D con un motore Daimler Benz DB 601 A. 3. Rifacimento della cappottatura del motore con riposizionamento del radiatore dell'olio sotto il motore e di due radiatori dell'acqua sotto le ali.. Profili di Björn Huber, rilasciati con licenza CC BY-SA 3.0.

GUERRA AEREA IN NORD AFRICA

L'11 febbraio 1941, le prime truppe della Wehrmacht calcarono il suolo africano con l'obiettivo di aiutare le forze italiane assediate nel Nord Africa dall'inarrestabile avanzata britannica nell'operazione Sunflower. L'Afrika Korps tedesco (DAK), sotto il comando di Erwin Rommel, si affiancò alle unità del III./ZG 26, LG 1, StG 1 e StG 2, supportate da tre squadroni di ricognizione. In particolare, lo ZG 26 ebbe un ruolo chiave nell'incalzare le unità britanniche in ritirata verso Tobruk. Il 18 aprile 1941, il primo Bf 109 E del 1./JG 27 toccò terra all'aeroporto di Ain el Gazala. Altri squadroni del I./JG 27, con il guardiamarina Hans-Joachim Marseille tra i protagonisti, e il 7./JG 26 si resero subito attivi. Oltre all'intercettazione, i Bf 109 E avevano il compito principale di fornire supporto tattico alle unità dell'esercito, incluso il delicato compito di proteggere i vulnerabili Ju 87. Nel settembre 1941, i primi squadroni fecero ritorno in Germania per passare al Bf 109 F prima di essere ridistribuiti nel teatro africano. Affrontando aerei come Tomahawk e Kittyhawk, insieme agli onnipresenti Hurricane, il Bf 109 doveva far fronte a diverse sfide. Il Tomahawk, con la sua bassa altitudine massima di 9.140 metri, e l'Hurricane, con un motore a carburatore, si rivelarono meno efficaci rispetto al Bf 109 F, che sfrecciava a oltre 10.660 metri di altitudine massima e vantava una velocità superiore di circa 60 km/h. Durante le battaglie a terra, l'8ª Armata britannica lanciò una controffensiva nel novembre 1941, costringendo Rommel a interrompere l'assedio di Tobruk e ritirarsi. La mancata conquista di Malta si rivelò un errore grave, portando a un ritiro di parti dell'Air Fleet 2 dall'Unione Sovietica per rinforzare l'Africa, compresi l'intero JG 53 e II./JG 3. Il 21 gennaio 1942, l'offensiva del DAK prese il via, respingendo le truppe britanniche alla fine di febbraio e conquistando la Cirenaica. Mentre il DAK proseguiva l'attacco a El Alamein il 1 luglio, il Bf 109 fu impiegato in numerose battaglie individuali contro le unità da combattimento della RAF. Alla fine di luglio 1942, il fronte nordafricano si stabilizzò, spostando la battaglia nuovamente su Malta.

▲ Per tutto il conflitto la Luftwaffe fu maestra nella mimetizzazione degli aerei: questi Bf 109E del I. Gruppe JG 27 in volo sulla Libia ne sono un ottimo esempio. L'immagine è della primavera 1941.

MESSERSCHMITT BF 109 C JG 71

▲ Messerschmitt - Bf 109 C del 2./JG 71 (Jagdgeschwader 71), estate 1939; l'aereo aveva una bocca di squalo dipinta per motivi propagandistici. Artwork di Björn Huber.

MESSERSCHMITT BF 109 D JV 88 HOLZAUGE

▲ Messerschmitt - Bf 109 D del JV 88 (Jagdverband 88), Legione Condor, Spagna 1938. L'insegna "Holzauge" (occhio di legno) è un riferimento a un detto tedesco in cui si esorta alla vigilanza permanente. Artwork di Björn Huber.

▲ Fronte Nord Africano: pilota di un caccia Messerschmitt Me 109 prima dell'impiego; KBK Lw 7. Bundesarchiv.

▼ Diversi Messerschmitt Bf 109B sulla pista dell'aeroporto di Budaörs nel 1937. Wiki CC3 by Fortepan/Horváth József Wikipedia, author colour

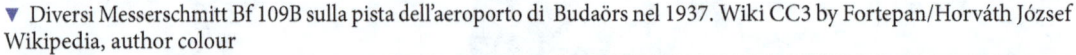

LE VERSIONI DEI MEZZI

■ **BF 109 V**: prototipi (dal tedesco *Versuch*)

Il Bf 109 V1 (primo prototipo) iniziò le sue prime prove di rullaggio nella primavera del 1935, seguite dal suo primo volo il 28 maggio 1935 con il capitano di volo Hans-Dietrich Knoetzsch ad Augsburg- Haunstetten. Il numero di registrazione civile dell'aereo era D-IABI. L' elica in legno a due pale non regolabile proveniva dalla ditta Schwarz. Durante i voli comparativi a Travemünde, il Bf 109 V1 ha dimostrato una velocità massima di 470 km/h ad un'altitudine di 3300 metri e una velocità di salita di 13,7 m/s vicino al suolo con un peso al decollo di 1900 chilogrammi.

Il secondo prototipo V2 (matricola D-IILU, matricola 759) era già equipaggiato con il motore Jumo 210 poi destinato alla produzione in serie. La macchina aveva anche tutte le strutture per l'installazione di due mitragliatrici MG 17 da 7,92 mm, ciascuna con 500 colpi di munizioni. Dopo i test in fabbrica, Wurster trasferì il 21 febbraio 1936 il V2 a Travemünde, dove lo dimostrò con successo più volte nei giorni successivi.

L'armamento delle due MG 17 già destinate al V2, sempre dotate di dispositivo meccanico di caricamento passante, fu fornito solo al terzo prototipo V3 (D-IOQYopera n. 760), che costituì il modello di aereo per la prevista serie A-0 di il Bf 109. Quando fu chiaro che i moderni caccia britannici sarebbero stati equipaggiati con otto mitragliatrici l'ufficio tecnico ritenne inadeguato l'armamento del Bf 109 A.

Con il V3 si tentò di aumentare significativamente la potenza di fuoco con una mitragliatrice MG FF da 20 mm montata dietro il blocco motore, la cui canna passava attraverso l'albero cavo dell'elica. I test dovettero essere interrotti a causa di forti vibrazioni e problemi termici. Quindi

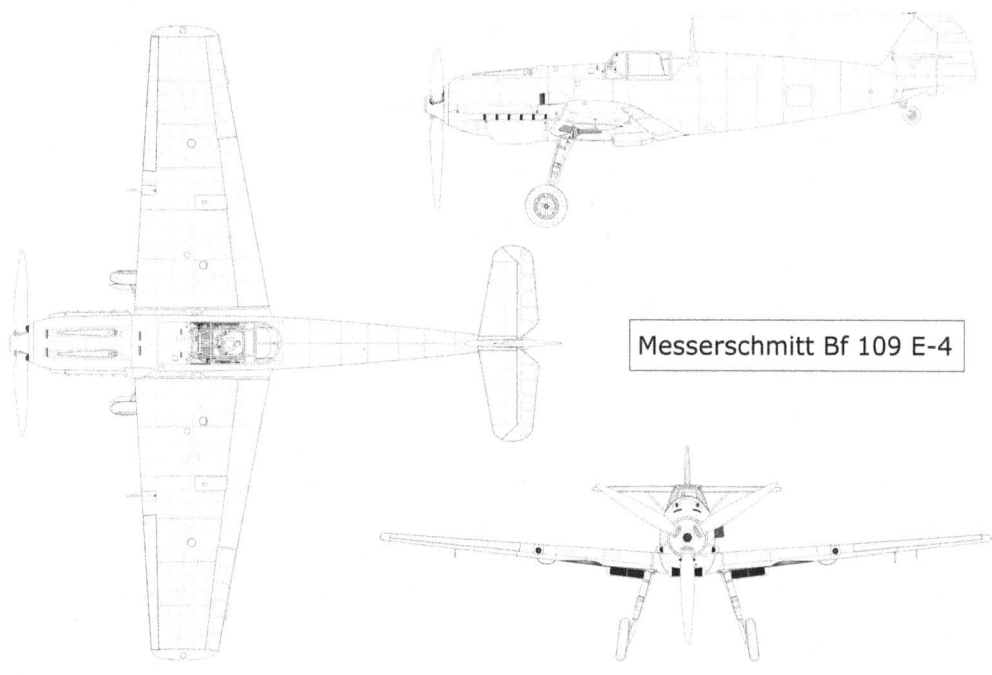

▲ Schema del Messerschmitt BF 109 E-4. Opera di Björn Huber, rilasciata con licenza CC BY-SA 3.0.

▲ Bf 109 B-1 Nr4 Dübendorf nel 1937. Opera di Herbert Ringlstetter rilasciata con licenza CC3 wiki.

la successiva macchina da completare, la V4 (D-IALY, opera n. 878), inizialmente aveva due mitragliatrici che potevano essere caricate meccanicamente. Tuttavia alla fine venne designato come aeromodello per la serie B del Bf 109, ora pianificata. Solo la V5 (D-IIGO, opera n. 879) ricevette tre MG 17, che ora potevano essere caricate elettromeccanicamente. Anche in questo caso la terza mitragliatrice centrale era installata dietro il motore e sparava attraverso l'albero dell'elica. Il V4 è stato l'ultimo 109 testato a Travemünde. Con il trasferimento di Carl Francke nella sede elettronica di Rechlin vennero spostati lì anche tutti gli altri test sui caccia.

Dal dicembre 1936 i prototipi V3 e V4 furono inizialmente testati in condizioni di combattimento come parte del Jagdgruppe 88, che apparteneva alla Legione Condor. Il nuovo caccia si dimostrò tecnicamente superiore a tutti gli altri caccia utilizzati nella guerra civile spagnola, per lo più aerei sovietici e italiani, come il Polikarpov I-16. Durante i tre anni in cui durò questo conflitto furono utilizzate e testate numerose varianti del Bf 109 fino a giungere alla stabile versione E. In tal modo, la Luftwaffe acquisì molte conoscenze sulla moderna guerra aerea, che furono costantemente integrate nei miglioramenti sia tecnici che tattici.

Mentre l'impiego del primo Bf 109 nella guerra civile spagnola fece riflettere gli esperti, l'aereo avanzato fu dimostrato in dettaglio al IV Congresso Internazionale dell'Aviazione dal 23 luglio al 1 agosto 1937 all'aerodromo militare di Dübendorf vicino a Zurigo. In quella occasione, sei Bf 109 gareggiarono contro aerei e piloti di altri paesi e vinsero tutte le competizioni a cui presero parte. Carl Francke vinse la gara di salita e tuffamento sul V7 (D-IJHA, opera n. 881), Ernst Udet, allora capo dell'ufficio tecnico dell'aeronautica militare e maggiore generale dall'aprile 1937, aveva vinto con il suo V14 (D-ISLU, Opera n. 1029). A Dübendorf vinse anche Francke, che venne iscritto successivamente con la V13 (D-IPKY, numero di serie 1050). Anche qui il maggiore tedesco Hans Seidemann, vinse a sua volta, probabilmente a bordo del V9 con un Jumo 210 G, che effettuò il percorso di 367 km in 56 minuti e 47 secondi come il più veloce. La stessa competizione nella classe C, pattuglie a tre, fu infine vinta dalla squadra di Bf-109 con il capitano Werner Restemeier, l'oblt. Fritz Schleif e l'oblt. Hannes Trautloft. Il Bf 109 V14 (D-ISLU) infine, fu il primo prototipo della serie E. Fu creato nell'estate del 1938 Un motore DB-601-A fungeva da propulsione. L'armamento consisteva in 2 × 20 mm MG/FF nelle ali e 2 × 7,92 mm MG 17 sopra il motore. Il Bf 109 V16 (D-IPGS) era l'aereo modello della serie E-3.

■ **BF 109 A**: prima versione di serie

La serie A corrispondeva quasi in ogni dettaglio alla successiva serie B; una caratteristica distintiva riconoscibile esternamente era il radiatore dell'olio sul lato inferiore. Tutte le 20 macchine furono prodotte ad Augusta. La maggior parte fu inviata in Spagna per i test operativi.

MESSERSCHMITT BF 109 D ZG 2

▲ Messerschmitt - Bf 109 D dell'I./ZG 2 (Zerstörergeschwader 2), campagna di Polonia, settembre 1939. Artwork di Björn Huber.

MESSERSCHMITT BF 109 DIFFERENZE FRA VERSIONE E1 e E3

▲ Differenze selezionate tra BF 109 E1 e E3: 1. Sostituzione della MG 17 da 7,92 mm montata sulle ali con una MG FF da 20 mm (60 colpi per arma). Profili di Björn Huber, rilasciati con licenza CC BY-SA 3.0.

▲ Fronte occidentale: un Messerschmitt Me 109 dello Squadrone StaffelAbzeichen (ascia di battaglia) Bundesarchiv.

■ BF 109 B:

Nello stesso periodo in cui venivano testati i prototipi del Bf 109 nell'ambito della missione della Legione Condor in Spagna, la Luftwaffe ricevette il primo aereo della serie B. Con un peso al decollo di circa 2200 kg, il Bf 109 B-1 montava il motore Junkers Jumo 210 D da 680 CV. Rispetto ai prototipi, il radiatore dell'olio era stato ora spostato fuori dalla grande cappottatura del radiatore del mento e posto sotto il lato sinistro dell'ala. Come per il prototipo V5, l'armamento consisteva in tre MG 17, che ora erano puntate con un mirino reflex C/12 della Zeiss.
La prima unità a convertirsi al nuovo caccia fu il II° Gruppo del JG 132 Richthofen (II./JG 132), di stanza presso la base aerea di Jüterbog-Damm. Altri esemplari della serie B, costruita in circa 350 esemplari, e anche una cinquantina della versione C, furono l'I./JG 131 a Jesau, il JG 134 "Horst Wessel" a Dortmund, il JG 135 a Bad Aibling, il JG 234 "Schlageter" a Colonia e il II./JG 333 a Eger.
Dopo la costruzione di circa 30 macchine, la linea di produzione venne poi convertita dalla vecchia elica alla nuova elica controllabile in metallo a due pale (licenza Hamilton Standard) di Junkers Flugzeug und Motorenwerke. Questa versione venne chiamata ufficiosamente B-2, ma non fu menzionata come tale in nessun documento ufficiale. Molti Bf 109 B-1 furono pure convertiti alla nuova elica a passo variabile, e si disse che un piccolo numero di aerei sia stato convertito al più potente motore Jumo 210 G con iniezione diretta di benzina, che sviluppava una maggiore potenza di ben 730 CV a un'altitudine di 1.000 metri.
Le macchine della serie B furono messe a disposizione del Jagdgruppe 88 della Legione Condor in Spagna per i test in condizioni operative. Ciò mostrò ancora di più una svolta significativa di prestazioni rispetto ai prototipi. Per contro, la mitragliatrice, che sparava attraverso l'albero cavo dell'elica ed era montata dietro il blocco motore, si rivelò ancora molto delicata e suscettibile ad inceppamenti a causa del surriscaldamento. Sulla base di queste esperienze, le mitragliatrici a motore centrale del Bf 109 B utilizzate nel Jagdgruppe 88 furono per lo più rimosse nelle officine da campo e la loro installazione fu presto abbandonata nella produzione in serie.

MESSERSCHMITT BF 109 E-1 del 2/LG 2

▲ Messerschmitt - Bf 109 E-1 del 2./LG 2 (Lehrgeschwader 2), campagna di Polonia, settembre 1939. Artwork di Björn Huber.

MESSERSCHMITT BF 109 DIFFERENZE FRA VERSIONE E3 e E4

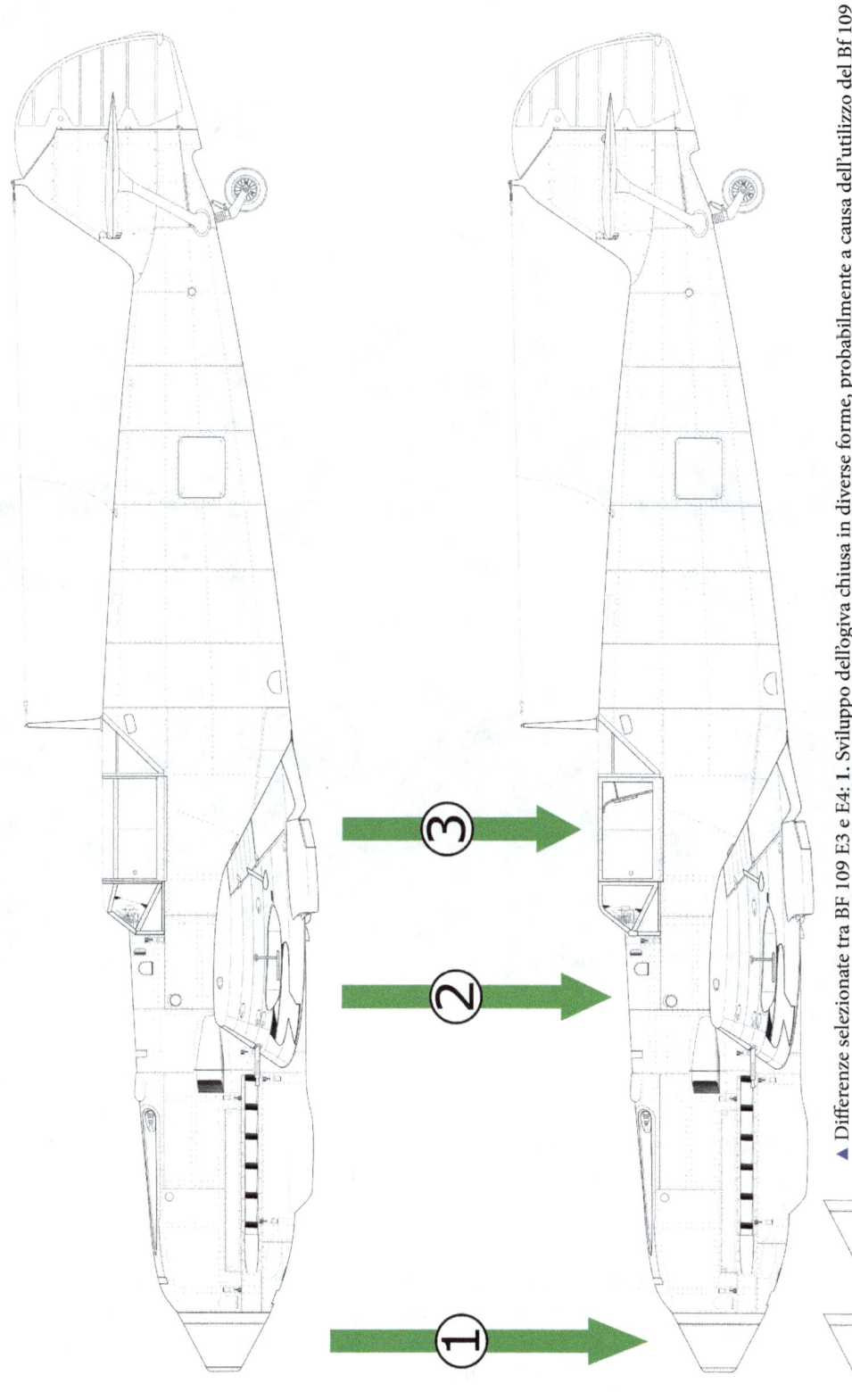

▲ Differenze selezionate tra BF 109 E3 e E4: 1. Sviluppo dell'ogiva chiusa in diverse forme, probabilmente a causa dell'utilizzo del Bf 109 in Africa settentrionale (non installata di serie); installazione del controllo automatico del passo delle pale. 2. Sostituzione della MG FF con la MG FF/M per sparare proiettili da mina più efficaci 3. Tettuccio di nuova concezione con l'installazione di una corazza per la testa come standard. Profili di Björn Huber, rilasciati con licenza CC BY-SA 3.0.

▲ Fronte occidentale: un Messerschmitt Bf 109G6R6 JG3 in manutenzione.

Principali Varianti Bf 109 B
- Bf 109 B-1: caccia; Motore Junkers Jumo 210 D con potenza di avviamento di 680 CV, armamento inizialmente 3, poi 2 × 7,92 mm MG 17;
- Bf 109 B-2: caccia, nome non ufficiale per Bf 109 B-1 con elica a passo variabile.

■ BF 109 C:

L'esperienza negativa con le mitragliatrici a motore in Spagna e il desiderio generale di aumentare gli armamenti portarono allo sviluppo della serie Bf-109-C. Per la prima volta furono installate sulle ali due MG 17 non sincronizzate, così che l'armamento aumentò fino a un totale di quattro mitragliatrici di questo tipo. Il primo velivolo equipaggiato in questo modo fu il prototipo V11 D-IFMO.

Il motore utilizzato era il Jumo 210 G ad iniezione diretta di benzina, già utilizzato in alcuni esemplari della serie B e che consentiva una velocità massima di 470 km/h con una potenza di spunto di 730 CV a 4000 metri di altitudine. L'iniezione diretta di benzina del Jumo 210 G consentiva inoltre di eseguire manovre di volo con forze G negative senza mancate accensioni del motore.

Un altro miglioramento della Serie C riguardava il sistema di scarico del motore. Mentre la serie B disponeva ancora di scarichi a filo, che imponevano un elevato carico termico alla struttura circostante, la nuova variante era dotata di tubi di scarico chiaramente sporgenti e leggermente curvati all'indietro, che ottenevano una significativa riduzione del carico e generavano una spinta aggiuntiva.

Come i suoi predecessori, anche la serie C fu testata durante la guerra civile spagnola. Gli ulteriori sviluppi pianificati non furono più messi nella produzione in serie. Con il C-2 venne nuovamente testata, senza successo, una mitragliatrice centrale da 20 mm del tipo MG FF installata dietro il motore. Anche il tentativo di installare due MG FF nelle ali, che venne sperimentato sul V12 nel sito di prova di Travemünde, dovette essere abbandonato a causa di problemi con la resistenza della struttura delle ali.

■ BF 109 D:

Nel bando originale del concorso di caccia del 1934, l'ufficio tecnico RLM richiedeva la facile intercambiabilità del Junkers Jumo 210 con una cilindrata di 19,7 litri, che all'epoca era ulteriormente sviluppato, rispetto al notevolmente più potente 33,9 litri Motore Daimler Benz DB 600 rialzato. La serie D del Bf 109 doveva quindi ricevere un nuovo motore che era stato precedentemente testato nei prototipi V11 e V12 (convertito da macchine B e C). Il primo modello di serie, il DB 600 Aa, con una potenza di avviamento di 960 CV garantiva un ulteriore significativo incremento delle prestazioni.

Sembra infatti dubbio che la maggior parte dei circa 600 Bf 109 D costruiti fossero effettivamente equipaggiati con il motore DB-600. Tale motore alimentava anche le prime versioni dell'He 111, che all'epoca come bombardiere godeva di un'alta priorità nello sviluppo della Luftwaffe. Inoltre, il DB 600 fu valutato sufficientemente affidabile per gli aerei bimotore, ma non per gli aerei monomotore. Poiché Daimler-Benz aveva già portato avanti lo sviluppo dell'ancor più potente DB 601 con iniezione diretta di benzina, le macchine della serie Bf 109 D-1 erano alimentate da motori Jumo 210 come i loro predecessori, quindi non differivano quasi tra loro.

La propaganda nazista nascose abilmente questo fatto fotografando le poche macchine con motori DB-600 con strati di vernice sempre nuovi. In effetti, sono relativamente poche oggi le foto che mostrano addirittura un Bf 109 con motore DB 600.

■ BF 109 E:

Nel gennaio 1939 la produzione del Bf 109 passò finalmente alla nuova versione E-1. Dopo che il meno affidabile motore a carburatore DB 600 si rivelò una delusione, nell'E-1 fu installato il più potente motore a iniezione DB 601, che all'epoca era uno dei motori aeronautici più moderni al mondo. Testato nei prototipi V14 e V15, il DB 601 A-1, dotato di iniezione diretta di benzina Bosch, erogava una potenza di avviamento di circa 990 CV.

Dalla primavera del 1939 il Bf 109 E-1 sostituì i vecchi modelli B e C. Il passaggio alla versione E fu completata nell'autunno del 1939.

Esternamente la "Emil", così era amichevolmente chiamato questo modello, era caratterizzata

MESSERSCHMITT BF 109 E 1 8 JG 26 EDUARD NEUMANN

▲ Messerschmitt - Bf 109 E-1 dell'8./JG 26 (Jagdgeschwader 26) pilotato da Eduard Neumann, autunno 1939. Neumann divenne in seguito un noto comandante di unità del JG 27 in Africa settentrionale e fu accreditato di 13 vittorie aeree complessive. L'emblema raffigura Adamson, un personaggio dei fumetti molto popolare negli anni Venti, che era dipinto su tutti gli aerei della cosiddetta "Adamson-Staffel" 8./JG 26. Artwork di Björn Huber.

da un cofano motore completamente ridisegnato. Il caratteristico radiatore precedente fu notevolmente ridotto nelle dimensioni e ora ospitava solo il radiatore dell'olio. I due raffreddatori per la miscela glicole-acqua erano alloggiati in alloggiamenti piatti sotto le ali. Nel complesso ciò migliorò assai le linee aerodinamiche che, insieme al motore più potente, portarono a un repentino aumento delle prestazioni.

Mentre l'E-1 era inizialmente equipaggiato con lo stesso armamento dei suoi predecessori (4 × 7,92 mm MG 17), il Bf 109 E-3, entrato in servizio alla fine del 1939, riuscì finalmente a raggiungere l'obiettivo di rafforzare notevolmente l'installazione di cannoni automatici montati sulle ali. Il tentativo di installare un cannone centrale dietro il motore era già fallito in precedenza con la versione E-2. I cannoni alari erano armi MG FF da 20 mm, derivate dal cannone svizzero da 20 mm della Maschinenfabrik Oerlikon. Le armi sparavano in modo non sincronizzato all'esterno del cerchio dell'elica e venivano immagazzinate in un caricatore a tamburo con 60 colpi per cannone. Questa dotazione era relativamente scarsa e appena sufficiente per circa sette secondi di fuoco continuo. Inoltre il cannone, con la sua canna corta, aveva una balistica peggiore rispetto alle mitragliatrici MG 17. Questi svantaggi furono compensati dalla disponibilità di munizioni esplosive e, a partire dall'E-4, di munizioni a mine altamente efficaci con micce detonatori.

La serie E fu la prima versione del Bf 109, venduta su larga scala non solo alle unità da caccia della Luftwaffe, ma anche a utenti stranieri. Già nell'inverno 1938/39 la Svizzera aveva importato dieci Bf 109 D con motori Junkers e successivamente ordinò un totale di 30 Bf 109 E-3. Dopo l'arrivo delle prime macchine, l'ordine fu aumentato a 50 macchine. Aeroplani di questo tipo vennero venduti anche alla Jugoslavia.

La produzione del Bf 109 venne notevolmente ampliata con la serie E e raggiunse un nuovo massimo con 1.100 macchine costruite nei primi otto mesi del 1939. Questa variante fu testata anche in Spagna e, quando iniziò la Seconda Guerra Mondiale con l' attacco tedesco alla Polonia, il Bf 109 E costituiva già la maggior parte delle unità da caccia tedesche. Dei 320 Bf 109 operativi coinvolti nel raid sulla Polonia, ben 213 provenivano dalla serie E. Utilizzato su Polonia, Norvegia e Francia, il Bf 109 E si dimostrò un aereo da caccia estremamente valido, pilotato da piloti ben addestrati e talvolta esperti in combattimento. Lo svantaggio del corto raggio d'azione ebbe poco peso nelle prime campagne della Wehrmacht. Fu solo durante la Battaglia d'Inghilterra, quando gli squadroni di caccia tedeschi incontrarono per la prima volta su larga scala avversari alla pari (sia in termini di tecnologia che –con un certo ritardo– in termini di tattica) che i punti di forza e di debolezza dei Bf 109 E emersero in maniera evidente.

Fra i pro, a quote medie e alte il Bf 109 E era più veloce dello Spitfire e a tutte le altitudini significativamente più veloce dell'Hurricane. Questo vantaggio in altezza fu sfruttato più e più volte dai piloti tedeschi quando furono in grado di avventarsi sui caccia britannici che attaccavano i bombardieri tedeschi da posizioni elevate durante le missioni di scorta. Con un armamento di due cannoni MG FF da 20 mm e due mitragliatrici MG 17 da 7,92 mm, il BF 109 E aveva anche una potenza di fuoco maggiore rispetto ai caccia britannici con la loro batteria di otto MG da 7,7 mm, principalmente a causa delle munizioni esplosive dei cannoni automatici.

Rispetto ai caccia britannici Spitfire e Hurricane, il Bf 109 E aveva un raggio di sterzata maggiore. Sebbene avesse un coefficiente di portanza più elevato e un peso inferiore rispetto allo Spitfire, grazie all'ala notevolmente più piccola aveva comunque un raggio di sterzata più grande di circa il 20% alla stessa velocità. In termini di velocità di immersione, il Bf 109 E surclassava entrambi i modelli britannici.

Un altro vantaggio del Bf 109 E era il motore Daimler-Benz con iniezione diretta di carburante, che consentiva di spingerlo con forza in picchiata senza che il motore si spegnesse (nota

▲ Equipaggio aereo Luftwaffe 1.NAG2 con in primo piano il suo comandante, lo Staffelkapitan o Staka Herbert Garten Uman Cherkasy, Ucraina, febbraio 1944.

▼ Messerschmitt Bf-109 B-Yellow sulla pista di un aeroporto in Germania nel 1939. Bundesarchiv

MESSERSCHMITT BF 109 DIFFERENZE FRA VERSIONE E4 e E7

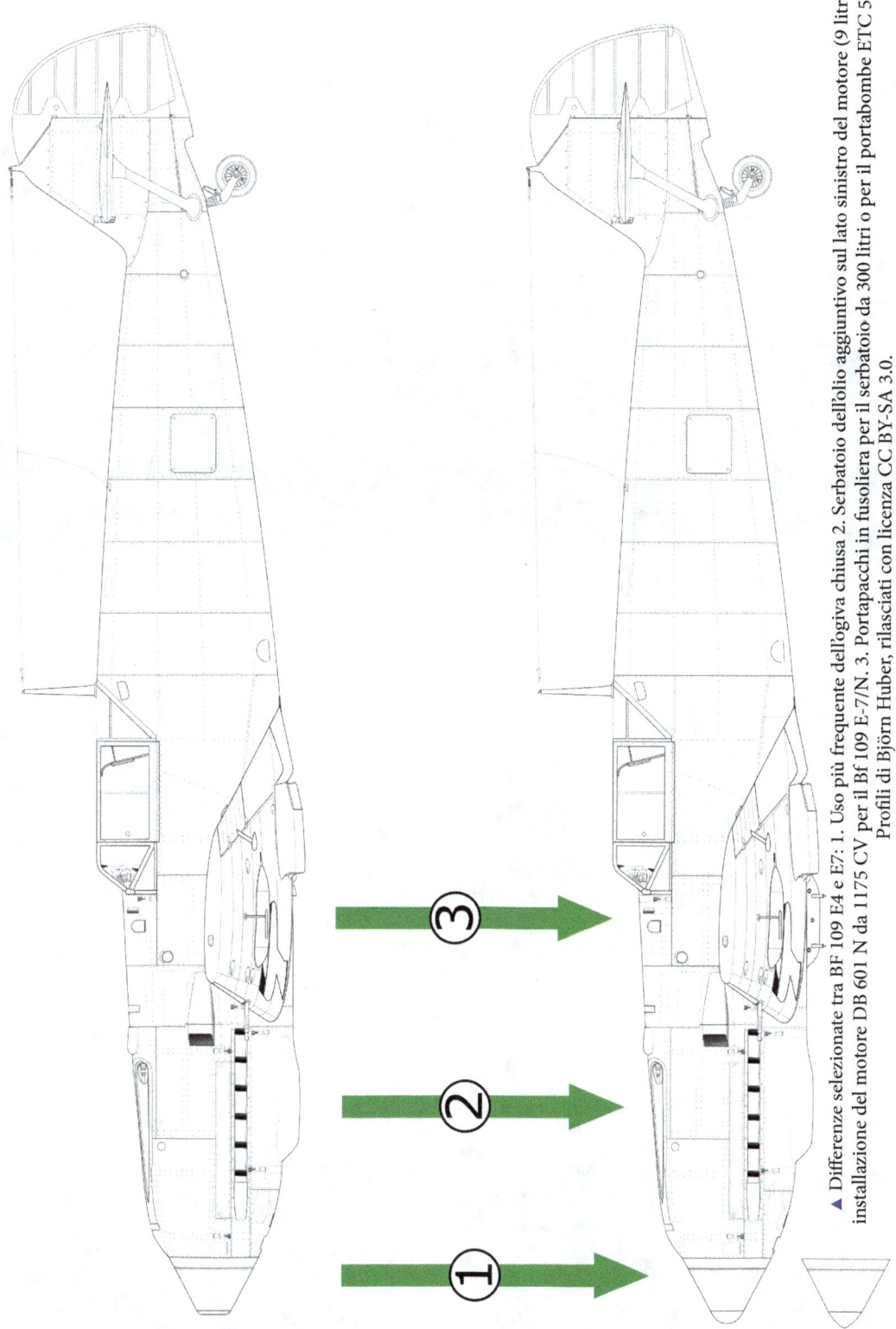

▲ Differenze selezionate tra BF 109 E4 e E7: 1. Uso più frequente dell'ogiva chiusa 2. Serbatoio dell'olio aggiuntivo sul lato sinistro del motore (9 litri); installazione del motore DB 601 N da 1175 CV per il Bf 109 E-7/N. 3. Portapacchi in fusoliera per il serbatoio da 300 litri o per il portabombe ETC 500.. Profili di Björn Huber, rilasciati con licenza CC BY-SA 3.0.

▲ Messerschmitt Bf 109E van 4 (S)/LG 2 (Lehrgeschwader 2). Wiki CC3 by Fotoafdrukken Koninklijke Luchtmacht

▼ Meccanico al lavoro nella manutenzione di un Messerschmitt Bf 109E4 5° Staffel Black su di un campo francese nel 1940. Bundesarchiv, colorazione autore.

MESSERSCHMITT BF 109 E 3 I/ JG 52

▲ Messerschmitt - Bf 109 E-3 dell'I./JG 52 (Jagdgeschwader 52) Campagna di Francia, primavera 1940. Artwork di Björn Huber.

▲ Avieri tedeschi durante la manutenzione del cannoncino del BF-109, posto nell'anima cava dell'elica. Bundesarchiv, colorazioni autore.

▼ Francia, settembre 1940: interessante immagine che mostra l'operazione di verifica della sincronizzazione delle mitragliatrici MG17 di un Me 109E-3. Bundesarchiv, colorazioni autore.

manovra difensiva nelle tattiche di combattimento aereo). L'aereo britannico con motore a carburatore doveva iniziare la picchiata con un mezzo rollio che richiedeva molto tempo e quindi non poteva seguirlo abbastanza velocemente. Per contro, il più grande svantaggio del Bf 109 E al tempo della Battaglia d'Inghilterra era la sua corta gittata o autonomia. Durante le missioni di scorta, i piloti tedeschi spesso avevano carburante sufficiente sui loro obiettivi solo per dieci fino a un massimo di 20 minuti di combattimento aereo e spesso erano costretti a scegliere se abbandonare i bombardieri o rischiare un ammaraggio nel Canale della Manica per mancanza di carburante. Prima dell'inizio delle battaglie aeree sull'Inghilterra, lo sviluppo della serie E aveva portato con la versione E-4 un nuovo cofano della cabina di pilotaggio semplificato con armatura migliorata, ma l'introduzione urgentemente necessaria di una corazzatura davvero adeguata non poteva essere completata prima della fine della battaglia d' Inghilterra. Ciò divenne possibile solo nell'autunno del 1940 con la versione E-7.

Dopo la battaglia d'Inghilterra, la serie E del Bf 109 venne utilizzata in ruoli sempre nuovi. Oltre alle varianti da ricognizione E-5 ed E-6, il Bf 109 E-4/B venne sviluppato come cacciabombardiere con il quale la squadriglia di caccia poteva effettuare piccole missioni "mordi e fuggi" contro obiettivi importanti sulla costa meridionale inglese. Questa variante fu introdotta anche in alcune squadriglie di cacciabombardieri, i cui aerei Bf 110 si erano rivelati vulnerabili agli attacchi dei caccia. I Bf 109 E-4/B furono utilizzati più volte con successo anche dal Lehrgeschwader 2 negli attacchi alle navi.

Nell'autunno del 1940, la versione E-7 introdusse non solo la possibilità di trasportare serbatoi aggiuntivi, e quindi aumentare finalmente l'autonomia, ma anche una copertura dell'elica rivista aerodinamicamente, poiché almeno per la serie E, dopo le brutte esperienze precedenti, si decise di rinunciare a un cannone a motore. Quando la Wehrmacht tedesca inviò truppe in Nord Africa a partire dal febbraio 1941, le unità di caccia e cacciabombardieri assegnate all'Afrika Korps erano equipaggiate principalmente con Bf 109 E-4/Trop ed E-7/Trop con filtri a sabbia. Alcuni mesi dopo, durante l' attacco all'Unione Sovietica, il Bf 109 E, il cui tempo stava lentamente segnando la supremazia, si dimostrò invece ancora una volta all'altezza di tutti gli avversari che gli si opposero. Le ultime versioni della serie E volarono in unità operative fino al 1943 inoltrato, principalmente come aerei d'attacco e da ricognizione.

Varianti Bf 109 E

- Bf 109 E-0: macchina di pre-produzione con motore DB-601-A-1 con potenza di avviamento di 990 CV; Armamento 4 × 7,92 mm MG 17;
- Bf 109 E-1: aereo da caccia; Motore e armamento come E-0, ma possibile anche DB 601Aa con potenza di avviamento di 1050 CV;
  - Cacciabombardiere Bf 109 E-1/B; Motore DB-601-Aa con potenza di avviamento di 1050 hp; Fino a 250 kg di carico di bombe;
- Bf 109 E-2: aereo da caccia proiettato; come E-1, ma MG FF (cannone a motore) da 20 mm; mai costruito;
- Bf 109 E-3: aereo da caccia; Motori come E-1; Armamento 2 × 7,92 mm MG 17, 2 × 20 mm MG FF nelle ali;
  - Bf 109 E-3a: versione per l'esportazione; Motore DB-601-Aa con potenza di avviamento di 1050 hp; I componenti dichiarati come segreti non vennero installati o sostituiti;
  - Bf 109 E-3/B: cacciabombardiere; Motore e armamento come E-3; carico di bombe fino a 250 kg;
- Bf 109 E-4: aereo da caccia; Motore come E-1, nuovo cofano della cabina di pilotaggio

▲ Bf 109A appartenente alla Legione Condor con le insegne della Spagna nazionalista.

▼ Bf 109E-4/Trop del JG 27 volteggia lungo la costa nordafricana, estate 1941. Bundesarchiv. Colorazioni autore.

▲ Questa insegna apparve nel 1940 durante l'invasione della Norvegia, su un caccia Bf 109T del JG77. La Luftwaffe produsse una grande quantità di design creativo per le insegne delle sue unità, che fornivano un forte spirito di corpo tra i piloti e gli equipaggi di terra. Bundesarchiv. Colorazioni autore.

MESSERSCHMITT BF 109

MESSERSCHMITT BF 109 DIFFERENZE FRA VERSIONE E7 e T1

▲ Differenze selezionate tra BF 109 E7 e T1: 1. Apertura alare estesa (59 cm su ciascun lato) 2. Equipaggiamento di emergenza in mare (gommone) e poggiatesta del pilota per il decollo con catapulta.) 3. Accessori per il decollo della catapulta sotto la radice dell'ala e il pannello numero 5 della fusoliera. 4. Gancio di arresto per l'atterraggio della portaerei... Profili di Björn Huber, rilasciati con licenza CC BY-SA 3.0.

MESSERSCHMITT BF 109 E 3 III/ JG 54

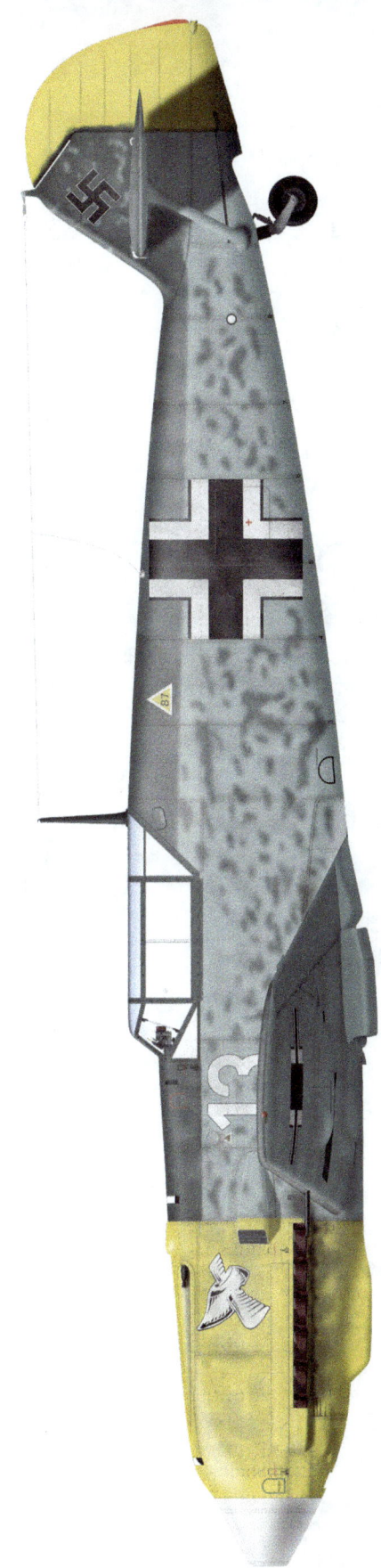

▲ Messerschmitt - Bf 109 E-3 del III./JG 54 (Jagdgeschwader 54) Battaglia d'Inghilterra, estate 1940. L'emblema mostra un sabot olandese con le ali, poiché all'epoca l'unità era basata nei Paesi Bassi. Artwork di Björn Huber.

MESSERSCHMITT BF 109 E 4   JG 26   SCHÖPFEL

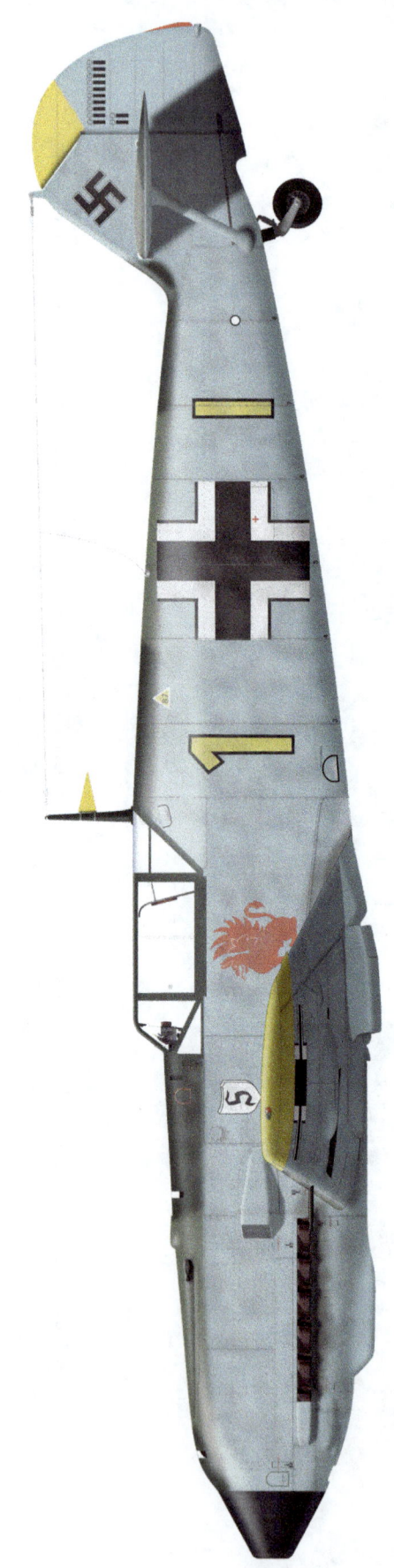

▲ Messerschmitt - Bf 109 E-4 del 9./JG 26 (Jagdgeschwader 26) della Battaglia d'Inghilterra, estate 1940, pilotato dall'Oberleutnant Gerhard Schöpfel (45 vittorie aeree). Artwork di Björn Huber.

di serie; Armamento 2 × 7,92 mm MG 17, 2 × 20 mm MG FF/M nelle ali;
  - Bf 109 E-4/B: cacciabombardiere; Motore come E-1/B; Armamento come E-4, carico di bombe fino a 250 kg;
  - Bf 109 E-4/N: aereo da caccia; come E-4, ma motore DB 601 N con potenza di avviamento di 1020 CV, compressione maggiorata, benzina C3 a 100 ottani;
  - Bf 109 E-4/BN: cacciabombardiere; Motore e armamento come E-4/N; Fino a 250 kg di carico di bombe;
- Bf 109 E-5: aereo da ricognizione; basato su E-3; Armamento 2 × 7,92 mm MG 17; Telecamera RB 21/18 nella fusoliera dietro la cabina di pilotaggio;
- Bf 109 E-6: aereo da ricognizione; basato su E-4/N; Armamento 2 × 7,92 mm MG 17; telecamera manuale RB 12.5/7.5 nella fusoliera dietro la cabina di pilotaggio;
- Bf 109 E-7: caccia e cacciabombardiere; Motore e armamento come E-4; serbatoio aggiuntivo opzionale da 300 l o carico di bombe fino a 250 kg;
  - Bf 109 E-7/N: caccia e cacciabombardiere; come E-7, ma motore DB 601 N con potenza di avviamento di 1020 CV, compressione maggiorata, benzina C3 a 100 ottani;
  - Bf 109 E-7/Z: caccia d'alta quota, anche E-7/NZ; come E-7/N, ma con iniezione GM-1 per aumentare le prestazioni in alta quota;
  - Bf 109 E-7/U1: E-7 con radiatore corazzato;
  - Bf 109 E-7/U2: E-7 con armatura contro il fuoco terrestre;
  - Bf 109 E-7/U3: aereo da ricognizione, telecamera manuale RB 12.5/7.5 nella fusoliera dietro la cabina di pilotaggio; RadioFuG17;
  - Bf 109 E-7/Trop: caccia e cacciabombardiere; come E-7 con attrezzatura tropicale aggiuntiva (filtro a sabbia, attrezzatura aggiuntiva);
- Bf 109 E-8: caccia; Conversione da celle E-1 per ospitare serbatoi aggiuntivi da 300 litri;
- Bf 109 E-9: aereo da ricognizione; basato su E-7/N; Armamento 2 × 7,92 mm MG 17; Fotocamera RB-50/30.

▲ Diversi Luftwaffe Messerschmitt BF 109 E 3 del Jagdgeschwader-26. Bundesarchiv, colorazioni autore.

▲ Bf-109E-3 del JG 51 'Mölders' esposto nel Deutsches Museum München. Wiki CC3 by Arjun Sarup
▼ Un Messerschmitt Bf 109 E in dotazione alla forza aerea della Romania. Bundesarchiv, colorazione autore.

ESPORTAZIONE DELL'AEREO

Oltre all'aviazione tedesca (la Luftwaffe), questo aereo interessò moltissime altre forze aeree che utilizzavano il caccia della Fw. Principalmente lo utilizzarono gli alleati o i paesi vicini al terzo Reich, come l'aeronautica militare ungherese, l'Italia della RSI, ovviamente la Spagna e molti altri. Qualche esemplare venne perso o catturato dai cecoslovacchi, gli inglesi, gli americani e gli jugoslavi. Forniamo di seguito una breve sintesi dei modelli utilizzati del BF 109 oltre i confini tedeschi.

PAESI ALLEATI O AMICI DELLA GERMANIA

Italia

Il Bf 109 servì sia nelle file della Regia Aeronautica che in quelle dell'Aeronautica Nazionale Repubblicana. Già nel 1937 lo Stato Maggiore dell'arma azzurra aveva messo gli occhi su questo fantastico aereo. I nostri piloti dovranno aspettare fino al 1943 prima di poter guidare queste macchine (circa 100 esemplari). Poi subentrò l'armistizio e la fornitura cessò. Riprese piu tardi con la ANR che a fine guerra ricevette oltre 300 macchine del modello G.

Bulgaria

Altro alleto della Germania la forza aerea bulgara (*Vazhdushnite na Negovo Velichestvo Voiski*) ordinò diciannove Bf 109E-4, ma sembra che nessuno di essi sia mai stato impiegato nella campagna contro l'Unione Sovietica.

Ungheria

La *Magyar Királyi Honvéd Légierő*, l'arma aerea magiara ricevette tre Bf 109C-2 alla fine del 1938 e quaranta E-4 all'inizio del 1942, all'incirca nello stesso periodo in cui la Romania distribuì i suoi Bf 109 ai reparti di prima linea. L'Ungheria usò questi aerei per rimpiazzare i Fiat C.R.42 delle unità inquadrate nel 1° Corpo aereo rumeno.

Romania

La *Forțele Aeriene Regale ale României*, l'arma aerea rumena ordinò quaranta Bf 109E-4, che tuttavia non arrivarono ai reparti di prima linea prima dell'inizio del 1942, quando la Romania disponeva ormai già di sessantanove Bf 109E-4; questi velivoli combatterono nei cieli del fronte orientale per sei mesi, prima di essere sostituiti dai G-6 e G-8.

Slovacchia

La *Slovenské vzdušné zbrane*: la piccola aeronautica della Repubblica Slovacca ricevette i primi Bf 109 nel 1940, quando arrivarono sedici Bf 109E-3. Due squadroni equipaggiati con questi velivoli volarono nel corso dell'invasione dell'Unione Sovietica a fianco della Luftwaffe.

Giappone

I governi della Germania e dell'Impero giapponese presero accordi per inviare due Bf 109E nel Sol Levante quale primo passo per la produzione su licenza del velivolo negli impianti Kawasaki. Gli aerei giunsero a destinazione, ma nei fatti la produzione non ebbe mai inizio.

Spagna

L' *Ejército del Aire*, alcuni velivoli rimasero di proprietà spagnola dopo la fine della guerra civile. Uno sviluppo successivo alla Seconda Guerra Mondiale effettuato dagli spagnoli portò all'Hispano Aviación HA-1112 "Buchon" che restò in linea fino alla fine degli anni '50 se non oltre. I tecnici dell'Hispano Aviation unirono il Rolls Royce Merlin inglese (motore del grande avversario del Bf 109, lo Spitfire), alla cellula base della macchina tedesca ottenendo così un velivolo ben superiore. Fu usato come caccia e aereo da attacco al suolo in varie campagne belliche nel Nord Africa, con un certo successo.

Croazia, Finlandia e Jugoslavia

Le aviazioni croate e finlandesi ebbero in dotazione un certo numero di BF 109. Mentre la *Jugoslovensko kraljevsko ratno vazduhoplovstvo i pomorska avijacija* (aviazione jugoslava), dopo mesi di contrattazioni, nel 1938 ordinò alla Germania cinquanta Bf 109E-3, a cui presto seguì un'altra commessa per altri cinquanta velivoli dello stesso tipo. Solo settantatré giunsero a destinazione, e vennero assegnati a tre gruppi caccia (31°, 32° e 51°) e a uno squadrone addestrativo. Di questi, al momento dell'invasione della Jugoslavia, ne erano operativi quarantasei: fornirono una buona prova contro le aviazioni dell'Asse, ma la superiorità numerica della Luftwaffe rese presto inutile ogni tentativo di resistenza da parte dell'aeronautica jugoslava.

PAESI NEMICI O NEUTRALI DELLA GERMANIA

Francia

L' *Armée de l'air* (preda bellica): almeno un Bf 109E finì nelle mani dei francesi durante la campagna del 1940 contro i tedeschi. L'aereo in questione fu costretto ad atterrare ad Amiens il 2 maggio 1940 per problemi tecnici e subito ridipinto con i colori dell'aeronautica francese. Fu utilizzato solo da un pilota francese prima di essere ceduto alla RAF.

Gran Bretagna

La *Royal Air Force* ebbe a disposizione almeno quattro Bf 109 caduti nelle mani britanniche: il Bf 109E ceduto dai francesi, un altro Bf 109E-1 e due Bf 109E-4. L'esemplare acquisito dall'aeronautica francese fu trasferito alla base di Boscombe Down e, come gli altri tre Bf 109, servì in numerose missioni con gli squadroni della RAF.

Unione Sovietica

L'aviazione russa (*Voenno-vozdušnye sily*) ebbe cinque esemplari di "Emil" inviati dalla Germania prima dell'inizio delle ostilità, nel periodo 1939-1940.

Svezia

La *Svenska Flygvapnet* ebbe pure i suoi Bf; avvenne tutto il 24 ottobre 1940: un Bf 109E-1 della 4ª squadriglia del JG 77 fu costretto, per problemi tecnici, ad atterrare sul suolo svedese. Il pilota tedesco fu internato ma l'aereo fu probabilmente dipinto con i colori dell'aeronautica svedese ed effettivamente utilizzato in volo. Il velivolo fu poi oggetto di uno scambio diplomatico nel novembre 1940.

Svizzera

La Svizzera fu il primo paese straniero ad acquistare i caccia Messerschmitt. Tra il dicembre 1938 e la metà del gennaio 1939, il paese elvetico ricevette i suoi primi dieci Bf 109D-2, designati dalla sigla J-301 fino alla J-310. Questi mezzi furono usati come aerei d'addestramento dalle Fliegerkompanie (compagnie di volo) numero 6, 15 e 21 basate rispettivamente a Thun, Payerne e Dübendorf. Una partita di ulteriori ottanta Bf 109 E-3 fu consegnata alla Svizzera tra l'aprile 1939 e l'aprile 1940, che divenne così il più grande acquirente straniero del Bf 109E.

PRODUZIONE POST BELLICA

Israele

Heyl Ha'Avir: dopo la guerra, Israele impiegò un modello derivato dal Bf 109, il ceco Avia S-199 durante la guerra del 1948.

MESSERSCHMITT BF 109 E 4 JG 27 WERNER SCHROER

▲ Messerschmitt -BBf 109 E-4/Trop of I./JG 27 (Jagdgeschwader 27) Africa settentrionale 1941, pilotato dal Leutnant Werner Schroer (114 vittorie aeree). Artwork di Björn Huber.

MESSERSCHMITT BF 109 E 7 B 8./ZG 1

▲ Messerschmitt -Bf 109 E-7B dell'8./ZG 1 (Zerstörergeschwader 1) Russia 1941. Dopo l'adozione del Bf 109 F da parte delle unità da caccia della Luftwaffe, molte versioni E furono assegnate a unità di cacciabombardieri e cacciatorpediniere. Lo ZG 1 era noto anche come "Wespen-Geschwader" (squadriglia Wasp). Artwork di Björn Huber.

MESSERSCHMITT BF 109 E 4 B III/ JG 1

▲ Messerschmitt - Bf 109 E-4B del III./JG 1 (Jagdgeschwader 1) Paesi Bassi, primavera 1942. Dopo la Battaglia d'Inghilterra, diversi Jagdgeschwader formarono unità Jabo (Jagdbomber - cacciabombardiere) per attaccare obiettivi sulle coste britanniche.
Artwork di Björn Huber.

▲ Un Messerschmitt Bf 109 E3 in volo. Bundesarchiv.

▼ Preparazione per il volo di un BF-109 in un aeroporto francese occupato. Bundesarchiv, colorazione autore.

SCHEDE TECNICHE SERIE B-C-D-E

Parametro	Dati
	MESSERSCHMITT BF 109 B1 1936
Equipaggio	1
Lunghezza	8,55 m
Apertura alare	9,87 m
Altezza	2,60 m
Superficie alare	16,2 m²
Massa iniziale	2.200 kg (escluso l'armamento)
Carico alare	136 kg/mq
Motore	Junkers Jumo 210D con motore a V da 12 cilindri con potenza massima di avviamento di 680 CV
Velocità massima	470 km/h a 4.000 m di altitudine
Velocità di salita	circa 17m al secondo
Altezza di picco	9.000 m
Carburante	400 litri
Armamento	due MG 17 da 7,92 mm (500 colpi ciascuno) sopra il motore, che sparano sincronizzati attraverso il circuito dell'elica. Inizialmente un MG 17 dietro il blocco motore (non sincronizzato, funzionante nell'albero cavo dell'elica).

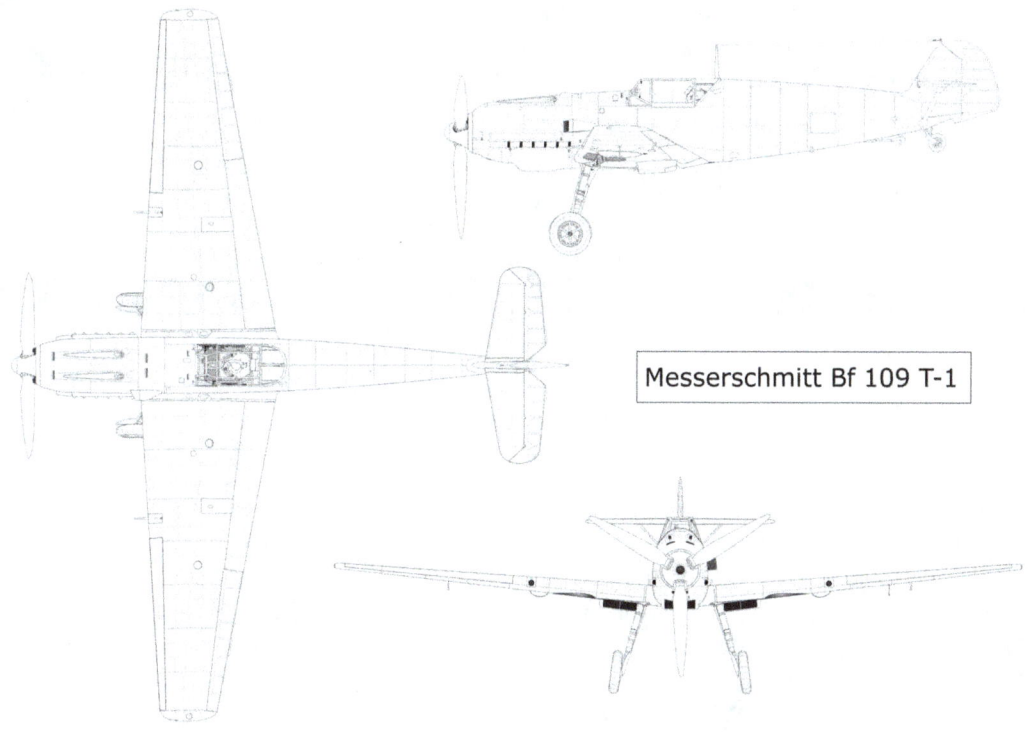

▲ Schema del Messerschmitt BF 109 T-1. Opera di Björn Huber, rilasciata con licenza CC BY-SA 3.0.

MESSERSCHMITT BF 109 C1 1937	
Parametro	Dati
Lunghezza	8,55 m
Apertura alare	9,87 m
Altezza	2,60 m
Superficie alare	16,2 m²
Massa iniziale	2.310 kg (escluso l'armamento)
Motore	Junkers Jumo 210 G 12 cilindri con potenza massima di avviamento di 700 CV
Velocità massima	440 km/h a 4.000 m di altitudine
Velocità di salita	circa 17m al secondo
Altezza di picco	9.500 m
Carburante	400 litri
Armamento	Quattro MG 17 da 7,92 mm, di cui due sopra il motore (500 colpi ciascuno), che sparavano in modo sincrono attraverso il circuito dell'elica, e due non sincronizzati nelle ali (420 colpi ciascuno).

MESSERSCHMITT BF 109 D1 CON JUMO 1937	
Parametro	Dati
Lunghezza	8,64 m
Apertura alare	9,87 m
Altezza	2,60 m
Superficie alare	16,2 m²
Massa iniziale	2.170 kg (escluso l'armamento)
Motore	Junkers Jumo 210 D da 12 cilindri con potenza mass. di avviamento di 680 CV
Velocità massima	460 km/h a 4.000 m di altitudine
Velocità di salita	circa 18m al secondo
Altezza di picco	9.500 m
Autonomia	400 litri carburante
Armamento	quattro MG 17 da 7,92 mm, di cui due sopra il motore (500 colpi ciascuno), che sparavano in modo sincrono attraverso il circuito dell'elica e due non sincronizzati nelle ali (420 colpi ciascuno).

MESSERSCHMITT BF 109 E3 1939	
Parametro	Dati
Lunghezza	8.64 m
Apertura alare	9,87 m
Altezza	2,60 m
Superficie alare	16,2 m²
Massa iniziale	2.505 kg (escluso l'armamento)
Motore	motore a V Daimler-Benz DB 601 A-1 a 12 cilindri con PAM di 990 CV
Velocità massima	570 km/h a 5.000 m di altitudine
Velocità di salita	circa 18m al secondo
Altezza di picco	10.500 m
Autonomia	400 litri carburante
Armamento	due MG 17 da 7,92 mm sopra il motore (1000 colpi ciascuno) e due cannoni automatici MG FF da 20 mm nelle ali, che sparano fuori dal cerchio dell'elica (60 colpi ciascuno).

BIBLIOGRAFIA

- Walter J. Boyne, *Scontro di ali: l'aviazione militare nella Seconda guerra mondiale*, Milano, Mursia, 1997, ISBN 88-425-2256-2.
- William Green, Gordon Swanborough, *The Great Book of Fighters*, St. Paul, Minnesota, MBI Publishing, 2001, ISBN 0-7603-1194-3.
- Robert Jackson, *The forgotten Aces – The story of the unsung Heroes of Worls War II*, London, Sphere Books Limited, 1989, ISBN 0-7474-0310-4.
- Robert Jackson, *Messerschmitt Bf 109 A-D Series* (Air Vanguard 18), Osprey Publishing, 2015, ISBN 978-1-4728-0487-7.
- Francis K. Mason, *Messerschmitt Bf 109 B,C,D,E in Luftwaffe & foreign service*, Aircam aviation series n° 39, vol. I, Osprey Publishing, ISBN 0-85045-152-3.
- Giovanni Massimello, Giorgio Apostolo, *Italian Aces of World War 2*, Osprey Publishing, 2000, ISBN 1-84176-078-1.
- David Mondey, *The Hamlyn Concise Guide to Axis Aircraft of World War II*, Londra, Bounty Books, 2006, ISBN 0-7537-1460-4.
- Hans Werner Neulen, *In the Skies of Europe*, Marlborough, The Crowood Press, 2000, ISBN 1-86126-799-1.
- Giuseppe Pesce, Giovanni Massimello, *Adriano Visconti - Asso di guerra*, Parma, Albertelli Edizioni, 1997, ISBN non esistente.
- Mike Spick, *The complete Fighter Ace All the World's Fighter Aces, 1914-2000*, Londra, Greenhill Books, 1999.
- Ulrich Steinhilper, Peter Osborne, *Spitfire on my tail: A view from the other side*, Bromley, Independent Books, 2006, ISBN 1-872836-00-3.
- AAVV, *War Machines*, Osprey Publishing, Londra 1984
- Gordon Williamson, *Aces of the Reich*, Arms and Armour, Londra 1988
- Caldwell, Donald L. *JG 26: Top Guns of the Luftwaffe.* New York: Ballantine Books, 1991. ISBN 0-8041-1050-6
- Cross, Roy and Gerald Scarborough. *Messerschmitt Bf 109, Versions B-E.* London: Patrick Stevens, 1976. ISBN 0-85059-106-6
- Feist, Uwe. *The Fighting Me 109.* London: Arms and Armour Press, 1993, ISBN 1-85409-209-X.
- Green, William. *Messerschmitt Bf 109: The Augsburg Eagle; A Documentary History.* London: Macdonald and Jane's Publishing Group Ltd., 1980. ISBN 0-7106-0005-4
- Griehl, Manfred. *Das geheime Typenbuch der deutschen Luftwaffe: Geheime Kommandosache 8531/44 gKdos* (in German). Friedberg, Germany: Podzun-Pallas Verlag, 2004. ISBN 978-3-7909-0775-9
- Kaplan, Philip: *Fighter Aces of the Luftwaffe in World War II*, 2007 Pen & Sword Aviation Publ., Auldgirth, ISBN 978-1-84415-460-9.
- John Weal, *Jagdgeschwader 52 The Experten* (Aviation Elite), Oxford, Osprey Publishing Ltd, 2004, ISBN 978-1-84176-786-4.
- Ritger, Lynn. *Meserschmitt Bf 109 Prototype to 'E' Variants.* Bedford, UK: SAM Publications, 2006. ISBN 978-0-9551858-0-9.
- Martin Caidin: *Die Me109. (US-Originaltitel: Me109)* Verlag Arthur Moewig, 1968, 192 Seiten (dt.: 1981), ISBN 3-8118-4369-9.
- Willy Radinger, Walter Schick, Wolfgang Otto: *Messerschmitt Me 109. Alle Varianten von Bf (Me) 109A bis K.* Aviatic, Oberhaching 2011, ISBN 978-3-925505-93-5.

- Peter Schmoll: *Messerschmitt Me 109. Produktion und Einsatz.* MZ-Buchverlag, Regenstauf 2017, ISBN 978-3-86646-356-1.
- Ralf Swoboda, Hans-Jürgen Becker: *Flugzeuge und Hubschrauber der Luftwaffe, des Heeres und der Kriegsmarine : 1933–1945.* Motorbuch Verlag, Stuttgart 2005, ISBN 3-613-02524-8.
- Kyrill v. Gersdorff, Helmut Schubert, Stefan Ebert: *Flugmotoren und Strahltriebwerke.* Bernard & Graefe Verlag, Bonn 2007, ISBN 978-3-7637-6128-9.
- Ernst König: *Die Geschichte der Luftwaffe.* Rastatt 1980.
- Rüdiger Kosin: *Die Entwicklung der deutschen Jagdflugzeuge.* Bernard & Graefe Verlag, 1990.
- Heinz J. Nowarra: *Die deutsche Luftrüstung 1933–1945. Band 3*, Bernard & Graefe Verlag, 1993.
- Hans Redemann: *Die bahnbrechenden Konstruktionen im Flugzeugbau.* Motorbuch Verlag, Stuttgart 1989, ISBN 3-613-01293-6.
- Walter Schuck: *Abschuss. Von der Me 109 zur Me 262.* Helios-Verlag, Aachen 2008, 2. Auflage, ISBN 978-3-938208-44-1.
- Jochen Prien, Gerhard Stemmer, Peter Rodeike, Winfried Bock: *Die Jagdfliegerverbände der Deutschen Luftwaffe 1934 bis 1945.* Teil 1, struve Verlag, 2000.
- Jochen Prien, Peter Rodeicke: *Messerschmitt Bf 109 F, G & K Series. 2. Auflage.* Schiffer books, 1995.
- John R. Beaman, Jerry L. Campbell: *Messerschmitt Bf 109 in action (Part 1).* Squadron/Signal Publications, 1980.
- John R. Beaman, Jerry L. Campbell: *Messerschmitt Bf 109 in action (Part 2).* Squadron/Signal Publications, 1980.
- William Green: *War planes of the Second World War. Vol. 1–4 und 8–10* / Macdonald & Co Ltd. London 1960–1968.
- Aleš Janda, Tomáš Poruba: *Messerschmitt Bf 109 of JG 52 in Deutsch Brod.* JaPo Verlag, 2007.

▲ Un Messerschmitt Bf 109E4 perfettamente conservato durante una mostra esposizone aviatoria.

TITOLI GIÀ PUBBLICATI

ALL BOOKS IN THE SERIES ARE PRINTED IN ITALIAN AND ENGLISH

**VISITA IL NOSTRO SITO PER AVERE MAGGIORI INFORMAZIONI SU
THE WEAPONS ENCYCLOPAEDIA:**

https://soldiershop.com/collane/libri/the-weapons-encyclopaedia/

TWE-018 IT

www.ingramcontent.com/pod-product-compliance
Lightning Source LLC
LaVergne TN
LVHW081453060526
838201LV00050BA/1793